近代日本語史に見る教育・人・ことばの交流

日本語を母語としない学習者向け教科書を通して

伊藤 孝行
［著］

大空社出版

は し が き

　本書は、明治期から戦中期に出版された日本語教科書（以下、日本語教科書）を資料とし、各資料について書誌等の紹介およびその資料のことばの実態を調査したものである。資料の著者を知る方々と連絡がついた場合は著者についても聞き取り調査を行った。なお、ここでいう日本語教科書とは、日本語を母語としない人を対象とした教科書をさす。最近は日本語を母語とする人を対象としている教育についても日本語教育と呼び、日本語を母語とする人を対象としている教科書についても日本語教科書と呼ばれることがあるので、誤解をまねかれることのないよう、念のため、あらかじめおことわりしておく。

　日本語教科書は大なり小なりその当時の日本語の規範が写しとられているのではないだろうか。日本語教科書はその名のとおり教科書であるので、その教科書を使う側にとっては日本語を学ぶ際のよりどころの一つであり、その教科書を著した側にとっては一定の水準をクリアした、あるいは日本語学習者のニーズにこたえた日本語の見本であるはずである。すなわち、日本語教科書には近代日本語史研究に於ける言語資料かつ日本語教育史研究の資料という性質がある。これまで日本語教科書を扱った先行研究はあまたあるが、日本語史とくに近代日本語史と日本語教育史という両面からのアプローチは管見のかぎり僅少である。理由はさまざま考えられるが、最大の理由は日本語教科書へのアクセスの難易度の高さがあげられる。現在、国立国会図書館をはじめとして近代のさまざまな資料がデジタル化され、資料にアクセスしやすい環境がととのいつつあるが、現状ではまだととのい「つつある」と言わざるを得ない。まずは資料の共有が必要不可欠である。今回本書にまとめる意義はそこにあるといっても過言ではない。なお、本書に於いて使用した資料の共有をいっそうはかるべく、「資料編」を別途出版予定であることをここに記しておく。

　本書は、近代以降の日本語学（国語学）全般、日本語教育、日本語教科書とその歴史の研究者を主な読者と想定しているが、言うまでもなくそのような枠組みにかかわらず、御興味のある方に手にとっていただければ幸甚である。排列は原則として対象とした日本語教科書の発行年順としたが、どこから読んでいただいてもかまわない。

　目次の順に、はなはだ簡単ではあるが紹介する。

1. 『日語指南』は1906年・1907年にわたって1巻ずつ刊行された。中国語を母語とする人を対象に著された日本語教科書である。著者は金井保三。当時金井が勤務していた早稲田大学清国留学生部の授業用につくられたとされている。『日語指南』については、諸星（2000）に金井保三についての経歴及び『日語指南』についての紹介、吉岡（2001）に日本語教育の観点からの記述があるものの、今のところこうした近代日本語教科書の、語法等についての調査報告は数少ない。本稿では『日語指南』の語法や表記の実態を調査し、近代語史上に於いて『日語指南』がどのような性格のものであるか報告した。

2. 『日語活法』は1907年に刊行された。中国語を母語とする人を対象に著された日本語教科書である。著者は大宮貫三。1.でとりあげた金井と同じく早稲田大学清国留学生部で日本語を学んでいた学生を対象に書かれた教科書である。本稿では著者大宮貫三について、『日語活法』の書誌、構成と特徴、そしてどのような内容がどのような箇所で取りあげられているのか、『日本語能力試験出題基準（改訂版)』中の日本語能力試験「出題基準」をもとに調査した。

3. 『日本語教科書』は1919年に刊行された。英語を母語とする人を対象に著された日本語教科書である。著者はベルリッツ。ベルリッツ・スクールの創始者として知られている。当期に於いてこのような中国人学習者向けではない日本語教科書は数少ない。管見の限り、『日本語教科書』についての存在は明らかになっているものの、どのようなことばがとりあげられてあるのかはふれられていない。そこで本稿では『日本語教科書』を資料とし、どのようなことばが記されているのか、書誌・表記・語法を調査した。

4. 『日本語のはじめ』は1932年・1933年に刊行された。中国語を母語とする人を対象に著された日本語教科書である。著者は東亜高等予備学校。加えて「『日本語のはじめ』ことわり書一」という教師用指導書もある。『日本語のはじめ』のように日本語学習者に向けたもののみならず、日本語教師に向けて記された指導上の留意点および今後の課題まで記述している日本語教科書は稀であろう。本稿では『日本語のはじめ』の書誌・特色について、そして「『日本語のはじめ』ことわり書一」について調査した。

5. 『日暹会話便覧』は1938年に刊行された。著者は泉虎一。タイ海軍からの留学生を対象とした日本語教科書である。タイ語を母語とする人を対象とする日本語教科書の中でも軍人を対象としたものは、筆者の知るかぎりこの一本のみである。本稿ではその書誌・語彙についてとりあげ、これまで全くふれられることのなかった著者・

泉虎一についての聞き取り調査の結果明らかになったことを報告した。

6. 『日泰会話』は 1941 年に刊行された。5. 『日暹会話便覧』に同じくタイ語を母語と
する人を対象とした教科書である。著者はタイ人のモンコール・オンシクール。発
行者は日泰学院協会。日泰学院は当時の大東亜省より財団法人認可をうけた直接外
郭団体である。南方特別留学生がここで生活をしていた。本稿では『日泰会話』の
書誌・語彙等について調査した。

7. 『NIPPONGO（日・泰・会話本）』は 1942 年に刊行された。5. および 6. に同じくタイ
語を母語とする人を対象とした日本語教科書である。著者は財団法人国際文化振興
会。現在の独立行政法人国際交流基金の前身に相当する組織である。本稿は、その
書誌・語彙について調査した。

8. 『暹羅協会々報』『日本タイ協会々報』は 1935 年から 1948 年まで刊行された。1. か
ら 7. までと異なり、日本語教科書ではなく、文字どおり『会報』である。2013 年、
日本タイ協会によりこれまでの『暹羅協会々報』『日本タイ協会々報』全号がデジタ
ル化され、解題も刊行された。現在も『日本タイ協会会報』に『解題』こぼれ話と
して連載され、さまざまな事実が明らかにされている。本稿では『会報』に記され
てあるタイ日本語教育史関連記事を整理し、少々とりたてた。

以上、はなはだ簡単ながら概略を記した。本書に収載された内容は、文字どおりの「試
み」であり、緒についたかという段階である。今後の課題として近代日本語史および
日本語教育史の研究成果との比較検討は言を俟たない。日本語教科書が近代日本語史
および日本語教育史に於ける資料の一種としていささかでも位置づけられれば幸甚で
ある。

伊 藤 孝 行

目 次

はしがき　　*iii*

凡例　　*x*

1　金井保三『日語指南』（1904・1905）

1　日本語教科書史から見た『日語指南』の位置　　*1*

　『日語指南』目次　　*2*

2　『日語指南』のことば　　*3*

2.1　表記　　*3*

2.1.1　ひらがな／カタカナ　　*3*

2.1.2　かなづかい　　*4*

2.1.3　特徴のある表記　　*5*

2.1.4　振り仮名　　*6*

2.2　可能表現　　*6*

2.3　当為表現　　*10*

2.4　原因・理由の接続助詞「ノデ」「カラ」　　*11*

2.5　終助詞　　*13*

2　大宮貫三『日語活法』（1907）

1　著者について　　*15*

　『日語活法』目次　　*16*

2　『日語活法』の内容　　*17*

2.1　構成　　*17*

2.2　第一篇　助詞　　*18*

2.3　第二篇　動詞　　*19*

2.4　第三篇　形容詞　　*20*

2.5　第四篇　助動詞　　*20*

3　『日語活法』のことば　　*21*

3.1　日本語教育史から見た『日語活法』の位置　　*21*

3.2　表記　*21*

　　　　3.2.1　かなづかい　*21*

　　　　3.2.2　特徴のある表記　*21*

　　　　3.2.3　一本線・二重線　*22*

　　3.3　可能表現　*23*

　　3.4　当為表現　*25*

　　3.5　「マイ」「ナイダロウ」　*25*

　　3.6　「マセナンダ」「マセンデシタ」　*26*

　　3.7　原因・理由の接続助詞「ノデ」「カラ」　*27*

　　3.8　その他　*27*

4　『日語活法』における文法学習項目　*28*

3　ベルリッツ『日本語教科書』（1919）

1　はじめに　*31*

　　1.1　背景　*31*

　　　　『日本語教科書』目次　*32*

　　1.2　ベルリッツと『日本語教科書』　*33*

2　『日本語教科書』の内容　*33*

　　2.1　構成　*33*

　　2.2　ベルリッツ・メソッド　*34*

3　『日本語教科書』のことば　*34*

　　3.1　表記　*34*

　　　　3.1.1　本文の表記　*34*

　　　　3.1.2　五十音図　*34*

　　　　3.1.3　一本線　*35*

　　3.2　可能表現　*36*

　　3.3　当為表現　*38*

　　3.4　丁寧の助動詞「デス」　*39*

　　3.5　原因・理由の接続助詞「カラ」「ノデ」　*41*

　　3.6　助動詞「マイ」　*43*

　　3.7　待遇表現　*43*

4 東亜高等予備学校『日本語のはじめ』(1932・1933) *47*

　　　　『日本語のはじめ』目次　*48*

　1　松本亀次郎　*50*

　2　『日本語のはじめ』の内容　*51*

　　2.1　『日本語のはじめ』第一・二・三篇「教授に関して」　*51*

　　2.2　『日本語のはじめ』ことわり書一　*55*

　3　『日本語のはじめ』についての先行研究　*55*

　4　『日本語のはじめ』に見られる特色　*56*

　5　「ことわり書」　*61*

5 泉虎一『日暹会話便覧』(1938)

　1　はじめに　*67*

　　　　『日暹会話便覧』目次　*68*

　2　『日暹会話便覧』とそのことば　*69*

　　2.1　構成　*69*

　　2.2　序　*69*

　　2.3　語彙　*71*

　3　泉虎一と『暹日辞典』　*72*

　　3.1　日暹寺派遣暹羅留学生　*72*

　　3.2　暹羅国海軍留学生日本語教官　*73*

　　3.3　『日暹字彙稿』から『暹日辞典』へ　*75*

　　3.4　拾遺　*77*

6 モンコール・オンシクール『日泰会話』(1941)

　1　構成　*81*

　　　　『日泰会話』目次　*82*

　2　著者について　*82*

　3　日泰学院について　*83*

　4　『日泰会話』のことば　*85*

　　4.1　日本語概説、五十音図　*86*

　　4.2　諸表現・形態　*87*

　　4.3　田中寛（2015）についての吟味　*88*

4.3.1 タイ語による日本語表記とカタカナ表記の異なり　89

4.3.2 「ゴ」に対する二つのタイ文字　91

4.3.3 タイ語による日本語表記と日本語表記が合致しているものの、疑わしい表記　91

4.3.4 長音記号の抜け　91

4.3.5 漢字表記の誤り　91

4.3.6 文法の誤り　92

4.3.7 イとエの交替　92

7　国際文化振興会『NIPPONGO（日・泰・会話本)』（1942）

1 『NIPPONGO（日・泰・会話本)』の構成　93

　『NIPPONGO』目次　94

2 語彙　95

8　日本タイ協会『暹羅協会々報』『日本タイ協会々報』に見る日本語教育史

1 はじめに　97

2 資料整理　97

2.1 留学　98

2.2 留日　99

2.3 日本語　100

2.4 海軍　100

2.5 潜水艦　102

3 『会報』に見る日本語教育とタイ人に日本語を教えた日本語教師　102

あとがき　106

索引　107

凡 例

1 章の冒頭に、資料の主要な書誌事項をまとめた。判型は概寸を示した。

2 書誌事項に続き目次をまとめた。目次には、資料の全体像が把握できる要素を採り、一部表記を変更して記述した場合がある。

3 漢字は原則として新漢字を使用し、引用文中の仮名は原文通りに表記した。

4 引用文末に小字ゴシック体で、引用文の出典を（巻・頁・行）等で示した。

5 引用文中の〔 〕は著者（伊藤）の注を示す。

1　金井保三　『日語指南』（1904・1905）

書　　　名：日語指南（一・二）
著　　　者：金井保三
読者対象：中国人留学生

書　　名	『日語指南一』	『日語指南二』
発 行 者	柏原文太郎	高田俊雄
版　　元	早稲田大学出版部	早稲田大学出版部
印 刷 者	佐久間衡治	藤本兼吉
印 刷 所	秀英舎	秀英舎第一工場
発 行 書 肆	丁酉社	丁酉社
発 行 年	明治37（1904）年3月28日	明治38（1905）年11月4日
判　　型	縦22×横15cm	縦22×横15cm
頁　　数	168頁	194頁
所　　蔵	国立国会図書館、東京大学文学部図書室、拓殖大学図書館	

1　日本語教科書史から見た『日語指南』の位置

　『日語指南』と著者・金井保三の経歴については、諸星（2000）及び吉岡（2000）に研究がある。ここでは、近代日本語教科書の中で、『日語指南』がどのような位置にあるのか、確認する。

　吉岡（2000）では、明治期の日本語教科書の内容・構成を分析し、主に何を教えることを目的に作成されたかという視点で、以下の6つに分類されている。

　　A.文典型教材（日本語学習者に対し主として文法を中心に日本語を体系的に理解させる
　　　　目的で作成された教材）
　　　A-①文典総合教材（発音、文字、語彙、文法、会話、読み物など広い視点から網羅
　　　　　　的にとりあげて、日本語を体系的に理解させることを主眼として構成）
　　　A-②文典教材（主として日本語の文法項目を中心に解説）

（日語指南）目次

（日語指南一）	（日語指南二）

序

第1	日本話和中国話的分別 *1*	第1	バカリ、ホド、クライ用法 *1*
第2	片仮名＝楷字母 *4*	第2	アマリ（多）和タラズ（不発）的用法 *6*
第3	平仮名＝草字母 *9*	第3	名状詞第1類 *11*
第4	声音要分別 *15*	第4	名状詞第2類 *19*
第5	短音和長音要分別 *23*	第5	名状詞第3類 *26*
第6	清音和濁音的分別 *31*	第6	モウ和モット用法 *32*
第7	ナ行音和ヲ行音的分別 *36*	第7	アマリ……ナイ　アリマセヌ *37*
第8	有ン音的和設有ン音的分別 *42*	第8	スギル用法 *41*
第9	帯鼻音的ガ行音和ア行音的分別 *45*	第9	4段変化動詞其1 *46*
第10	帯鼻音的ガ行音和ナ行音的分別 *46*	第10	4段変化動詞其2 *53*
第11	促音和不促音的分別 *47*	第11	4段的好幾個接テ或是タ的時的規矩 *60*
第12	長音和促音要分別 *51*	第12	上1段変化動詞 *72*
第13	另外要小心的事情 *58*	第13	下1段変化動詞 *73*
第14	字母的正写法 *60*	第14	変格動詞 *80*
第15	算数児的話和助詞 *71*	第15	マス和デス要分別 *87*
第16	代名詞1 *85*	第16	…コトハ…ガ（ニハ…ガ）用法 *93*
第17	代名詞2 *90*	第17	…パ…ホド用法 *97*
第18	助詞ト的用法第1類 *95*	第18	バカリ（ダケ、キリ）｛…（シカ、ホカ・ヌ）｝用法 *102*
第19	助詞ト的用法第2類之1 *99*	第19	助詞テ的用法 *108*
第20	助詞ト的用法第2類之2 *103*	第20	｛テハイケマセヌ（不要）ニハオヨビマセヌ（不用）｝用法 *112*
第21	天文類和助詞ハ的用法 *107*	第21	ナケレバナラヌ用法 *116*
第22	人事和助詞ガ的用法 *113*	第22	ナケレバ…ヌ用法 *122*
第23	房屋類和助詞ヘ的用法 *120*	第23	…ヨイ和…ニクイ用法 *126*
第24	助詞ニ的用法第1類 *125*	第24	マイ用法 *130*
第25	禽獣虫魚和助詞ヲ的用法第1類 *129*	第25	テ、ゴラン和テ、見ヤウ用法 *136*
第26	助詞ヲ的用法第2類 *135*	第26	ダス、ハジメル、和テシマフ用法 *139*
第27	助詞デ的用法第1類 *137*	第27	チガヘル、アキル、和ナレル用法 *143*
第28	助詞マデ和カラ的用法 *141*	第28	タイ和タガル用法 *148*
第29	家具和助詞デ的用法第2類 *145*	第29	動詞底下的助詞ト用法 *152*
第30	助詞ヨリ的用法 *150*	第30	モシ（モ）…ナラ（バ）用法 *156*
第31	助詞ニ的用法第2類 *154*	第31	…コトガデキル用法 *160*
第32	食物和助詞モ的用法 *158*	第32	…カタ用法 *164*
第33	助詞ト的用法第3類 *163*	第33	ケレドモ用法 *168*
第34	助詞ニ的用法第3類 *165*	第34	ソウ用法第1類之1 *172*
		第35	ソウ用法第2類之1 *176*
		第36	ソウ用法第1類之2 *181*
		第37	ソウ用法第2類之2 *186*
		第38	…カモシレヌ用法 *189*
		奥付	
		裏表紙	

B.語法型教材（日本語が実際に使えるようにするために選択された学習項目を中心に構成された教材）

  B-①語法総合教材（教師が教室で使用することを想定し、各課の学習項目の量や各課の配列などが考慮されている教科書の体裁をとった教材で、四技能を並行して学習することが前提と考えられる）

  B-②語法用例教材（文型的な学習項目が列挙されて、それぞれに用法を示す例があげられている）

C.読解教材（「読本」と呼ばれる読解を目的とした教材、副読本的な利用が可能な教材）

D.会話教材（場面や話題ごとに構成され、そこで行われるであろう会話のモデルが示されている教材）

E.文字教材（五十音図などを示し文字や発音について簡単な説明を行っており、文字学習のために編纂された教材）

F.その他の教材

  その上で吉岡（2000：19）は「『日語指南』は、実用的日本語を習得するために選択された文型などの学習項目・語法を中心に構成された語法型教材であり、さらにその中の語法用例教材に分類される教材」として、『日語指南』をB-②（語法型教材—語法用例教材）に分類している。

2　『日語指南』のことば

2.1　表記
2.1.1　ひらがな／カタカナ
  『日語指南』の表記の特徴として、まずは、ひらがなで記されている課とカタカナで記されている課とがある。規則的にひらがな、カタカナの順序ではないものの、ほぼバランスのとれた配分になっている。吉岡（2000：25）はこのことについて、「日本語の例文を片仮名と平仮名を課ごとに交互に変えて、双方の仮名を習得しやすいようにするなど、いくつかの新しい工夫がその特徴となっている。」としている。

  なお、目次の課毎に、ひらがな／カタカナのどちらで表記してあるのか、表1のとおりである。

表1.1 「ひらがな／カタカナ」表記

（日語指南一）				（日語指南二）		
課	ひらがな	カタカナ		課	ひらがな	カタカナ
第1		○		第1	○	
第2		○		第2	○	
第3	○			第3	○	
第4	○			第4		○
第5		○		第5	○	
第6	○			第6		○
第7		○		第7	○	
第8		○		第8		○
第9	○			第9	○	
第10	○			第10	○	
第11	○			第11		○
第12		○		第12	○	
第13	○			第13	○	
第14		○		第14		○
第15	○			第15	○	
第16		○		第16		○
第17	○			第17	○	
第18		○		第18		○
第19	○			第19	○	
第20	○			第20		○
第21	○			第21	○	
第22		○		第22	○	
第23		○		第23		○
第24	○			第24	○	
第25		○		第25		○
第26	○			第26	○	
第27		○		第27		○
第28	○			第28	○	
第29		○		第29		○
第30	○			第30	○	
第31		○		第31	○	
第32	○			第32	○	
第33		○		第33		○
第34	○			第34	○	
				第35		○
				第36	○	
				第37		○
				第38	○	

2.1.2 かなづかい

　次に、『日語指南』に於ける表記の特徴として、仮名遣いが挙げられる。『日語指南一』の第13課までは仮名表記が表音式になっているが、第14課以降は歴史的仮名遣いになっている（諸星2000：23；吉岡2001：25）。表音式のものは、以下のようなも

のである。

　　あのひと　わ　まだ　いきませぬ（一・35・6）
　　　　他還沒去

　　せんせい　わ　いつ　おかえりなさえます　か（一・58・9）
　　　　是多階回家去呢

『日語指南一』では例文を分かち書きにしてあるが、『日語指南二』では最初から分かち書きをせずに記されている。このように、『日語指南』には日本語教科書としてさまざまな配慮のあることがわかる。

2.1.3　特徴のある表記

　用例の表記についてみると、特徴として、「い」と「え」、「い」と「ゆ」、「し」と「す」の交替や拗音を直音化させていることが挙げられる。諸星（2000：23-24）が指摘するように、金井は『日語指南』中、音韻に対して詳細な記述につとめている。にもかかわらず、以下の各例が載っている。

〈「い」と「え」の交替〉

　　あのひと　わ　いしよお　を　いちまい　も　こしらいませんでした（一・49・6）
　　　　他一件衣装也没做了

　　せんせい　わ　いつ　おかえりなさえます　か（一・58・9）
　　　　先生是多咱回家去呢

　　てまい（一・90・6）
　　　　自己（謙恭的）

　　先生の心でも、いこひいきがあるかも知れない（二・190・6）
　　　　雖是先生的心膓也未必没有偏向

〈「い」と「ゆ」の交替〉

　　りやうりやへ　なにを　しに　いきますか（一・166・7）
　　　　到飯館幹什麼去呢

　　りやうりやへ　さけを　のみに　ゆきます（一・166・9）
　　　　到飯館去喝酒

〈「し」と「す」の交替〉

　　あすこ　に　おおきな　くぎ　が　あります（一・46・6）
　　　　那裡有大釘子

〈拗音の直音化〉

　　コノフ子ハ　イツ　シッパンシマスカ（一・88・5）
　　　　這雙船咱開呀

　　ヤドヤ（ゲシクヤ）（一・121・7）
　　　　客店（宿屋。下宿屋這有點兒分別）

　先に挙げた吉岡（2001：19）による分類の観点「『日語指南』は、実用的日本語を習得するために選択された文型などの学習項目・語法を中心に構成された語法型教材であり、さらにその中の語法用例教材に分類される教材」に鑑みると、当時はこのような表記どおりに発音した方が学習者にとって適していると判断したのであろうか。ことに、「い」と「ゆ」の交替の箇所は並んで載せられている例文だけに、意図的にどちらの音でも構わないということを示すために並べたのではないだろうか。

2.1.4　振り仮名

『日語指南』中、ルビが付されていることばがいくつか見られる。一部、例を挙げる。

　　　道程（みちのり）（二・3・10）　　　　不順（フジュン）（二・5・1）

　　　交際（右に「ツキアヒ」、左に「カウサイ」）（二・21・1）

　　　吃驚スル（ビックリ）（二・82・9）　　　法螺（ホラ）（二・103・7）

　　　効験（キキメ）（二・145・5）

　近代語に於ける振り仮名については、飛田（1990）の先行研究が挙げられるが、『日語指南』に於いては大半が右側に振られている。漢字をそのまま読んだものも、そうでないものもみられる。ことに、右に意味をあらわす「ツキアヒ」、左に読みをあらわす「カウサイ」となっている例（交際）は興味深い。他の語法同様、振り仮名の種類や役割といった実態についても他の近代日本語教科書の調査を今後の課題として、ここでとどめておく。

2.2　可能表現

『日語指南』に於いて可能表現は49例あり、種類と用例数は、以下のようになる。

　　　①連体形＋こと＋助詞＋「出来る」　　20例

　　　②名詞＋助詞＋「出来る」　　　　　　3例

　　　③「出来る」　　　　　　　　　　　　1例

④「れる・られる」　　　　　　　11例

⑤可能動詞　　　　　　　　　　12例

⑥「かねる」　　　　　　　　　　1例

⑦「ならぬ」　　　　　　　　　　1例

　①（連体形＋こと＋助詞＋「出来る」）の20例のうち19例は助詞に「が」をとるもので、1例は「は」をとるものであった。また、肯定形が11例、否定形が9例であった。

　　アナタハコヒヲリヤウリスルコトガデキマスカ（一・134・2）
　　　　你可以做鯉魚麼

　　あなたは、弓をいることが出来ますか（二・71・8）
　　　　你會射箭不會

　　戸をしめなければ、此二つの部屋は、しきることが出来ませぬ（二・122・7）
　　　　不關門這兩間屋子不能隔斷開

　　印刷機械ハ、アチラデモ、買フコトガ出来マスカ（二・160・5）
　　　　印字機器在那裡也可以買麼

　　アノ人ハ、サウイヒマシタケレドモ、私ハマダ、アノ人一方ノ言葉デハ、信ズル
　　コトガデキマイカト、キヅカヒマス（二・168・6）
　　　　他雖然這麼説了我還怕是他一面之詞不可信

　　あの人は、家に、ひよっと用事が出来て、其時に、出発することが出来なかった
　　のかも知れませぬ（二・190・1）
　　　　他家裡偶然有事沒能應時起身也未可知

　　勧工場ノ品物ハ、皆シヤウフダツキデスカラ、決シテ、ネギルコトハデキマセヌ
　　ワケニハイキマセヌ（二・161・2）
　　　　勸工場裡的貨物都是號着眞正的價碼兒了所以不能打價兒

　②（名詞＋助詞＋「出来る」）の3例のうち、とる助詞は「が」が2例、「の」が1例であった。また、肯定形が2例、否定形が1例であった。

　　あの河は、余り深くありませぬから、こしてゆかれるでせう（かちわたりが出来
　　まう）（二・39・4）
　　　　那道河不很深可以趙過去罷

用意ノ出来タカゴハ、三チヤウギリシカナイ (ニ・107・5)
　　預備妥的轎子不過就有三頂了

あの店は、今、おもての修繕に、着手して居ますから、来月の初にならなくては、
店開が出来ませぬ (ニ・125・4)
　　那舖子現在動手收拾門面得下月初間能開市哪

　③の「出来る」は、「出来る」を使用しているが、①②いずれにもあてはまらない
かたちのものである。49例中1例、以下の用例である。

私ノ今度ノ事ハ、出来ルダケシテモ、出来ナケレバ、タダ、アキラメルバカリデ
ス (ニ・104・9)
　　我這回事儘着力兒办也办不成麼只可認命就是了

　④の「れる・られる」は、11例であった。上接する動詞の、活用の種類別に、五
段動詞が10例、下一段動詞が1例である。また、肯定形が5例、否定形が6例であった。

ハラレル (一・41・6)
　　能糊

私は、つづけて十ぺんあまりゆきましたが、あの人に、あはれませんでした
　　我去了一連十來次可見不着他了　　　　　　　　　　　　　　　(ニ・9・6)

あなたは、あの凄い森を、通突ぬけて行かれますか (ニ・14・7)
　　你可以穿過那冷森森的樹林子去麼

　⑤の可能動詞は12例ある。動詞語幹の拍数別にみると、2拍が3例、3拍が3例、4
拍が4例、5拍・6拍が各1例である。また、肯定形が4例、否定形が8例であった。

〈2拍〉
ネコハモンバンニナレマセヌ (一・157・2)
　　猫當不了看門的了

此なぞは、誰にでもとけあてられますまい (ニ・132・8)
　　這個謎兒誰也猜不着罷

〈3拍〉
あなたのひいて居る其馬は、一日に、百里ぐらゐは、あるけますか (ニ・3・3)
　　你拉着的這匹馬一天能走個一百里地麼

〈4拍〉

　どもればどもるほど、いひ出せませぬ（二・98・8）
　　　越結巴越説不起來

〈5拍〉

　モシシヤボンデスリオトセナイナラ、マタソウダ水ヲツカッテミマセウ（二・138・4）
　　　若胰子刷不淨再用强水試一試罷

〈6拍〉

　私ハ、シマフニハシマヒマシタガ、ドコニシマッツタカ、トント考ヘ出セマセヌ
　　　我收是收了可收在那裡直想不起來　　　　　　　　　　　　　　　（二・93・6）

⑥の「かねる」、⑦の「ならぬ」は各1例、以下の例である。

　アンナイシヤガイフコトハアテニナラヌ（一・117・3）
　　　領道的説的話靠不往

　品物ガコナイウチハ、キチントシタ時ハ、イヒカネマスガ、モウ一週間程シ／タ

ツタラ、渡セマセウ（二・33・9）
　　　貨物沒來之先難説準時可再過一禮拜上下就可以附給罷

以上の可能表現が挙がっている順を整理すると、次のようになる。

　　（日語指南一）　第1課　　④「れる・られる」
　　　　　　　　　　第11課　　⑤可能動詞
　　　　　　　　　　第22課　　⑦「ならぬ」
　　　　　　　　　　第25課　　①連体形＋こと＋助詞＋「出来る」
　　（日語指南二）　第6課　　⑥「かねる」
　　　　　　　　　　第7課　　②名詞＋助詞＋「出来る」

　金井保三が『日語指南』の前に著した『日本俗語文典』（1901）の、可能表現につ
いての記述を見ると、「動詞の態」の「五、自能態」（pp.104-105）に、以下の記述がある。

　　自能態は形の上からは愛働態（ママ）と少しもかはりはありませんが意味は大にちがふ
　ものですから注意して聞分ねばなりませぬ。
　　　但し。第一種変化の言葉に限り、仮想法の語尾を下につける「れる」の「れ」
　音に緊接させて、

　　　　行かれる　読まれる　飛ばれる　　なんどを

　　　　いける　　　読める　　飛べる　　　などゝもいひます。

同じく『日本俗語文典』中（p.112）に、もう一箇所記述がある。

　　　但し、読めまい、行けまい、といふことがありますが、これは、読まれまい、
　　　行かれまい、といふべきものを略したのですから、第一種の条件法からつゞいた
　　　ものと、誤認してはなりませぬ

　この記述から、金井は可能動詞を「五段動詞の未然形＋可能の助動詞「る」の未然
形『れ』」の省略されたものであると解釈していたことがうかがえる。

2.3　当為表現

　当為表現は25例ある。前項で分類すると「ナクテハ―」が25例中8例、「ナケレバ―」
が17例である。さらに後項で分類すると「イク」系が12例、「ナル」系が13例である。
以下、用例を挙げる。

〈「ナクテハ」―「イケナイ」〉1例

　　一ノ小間物店ヲ開クニハ、色色ノ細工ヲスルコトガ出来ル手代ガ、居ナクテハ、
　　イケナイデセウ（二・162・1）
　　　　開一個首飾樓那會各樣見手藝的夥計得有啊

〈「ナクテハ」―「イケマセヌ」〉5例

　　ぜひ、私のいふとほりにして、こうかいしないやうにしなくては、いけませぬ
　　　　總得由我的話办不後悔纔是　　　　　　　　　　　　　　　　　（二・124・2）

〈「ナクテハ」―「ナリマセヌ」〉2例

　　かってにいってはいけませぬ、順序によって順番にいはなくてはなりませぬ
　　　　別随便説按着次序輪流着説纔行哪　　　　　　　　　　　　　　（二・117・10）

〈「ナケレバ」―「イケマセヌ」〉6例

　　どんなにきれるかたなでも、さびればきれませぬから、とがなければいけませぬ
　　　　怎麼快刀一銹就不快了所以要常常兒的磨也　　　　　　　　　　（二・70・8）

〈「ナケレバ」―「ナラナイ」〉1例

　　もし、おまへが白状しないならば、私は、ぜひとも、拷問にかけなければならな
　　いだけである（二・119・5）
　　　　若你不招我就總得動刑就是了

〈「ナケレバ」−「ナリマセヌ」〉10例

　　秋ノ初ニ、モウ一度旅行シナケレバナリマセヌ（ニ・33・3）
　　　　上秋還得出一遭外

田中（1967：114）は、明治期の当為表現の変遷について、次のように分析する。

　　明治期の東京語では、「ネバナラヌ」「ニャナラナイ」など、前部分の「ズ系」の
　　表現が、大きく後退する。それに対して、「ナケレバナラヌ」「ナクテハナラナイ」
　　など、前部分「ナイ系」の表現が主流となる。

　この分析方法にしたがって、『日語指南』に於ける当為表現の用例を表にしたもの
が表1.2である。

表1.2　『日語指南』に於ける当為表現の使用状況

後部分／前部分	イク系		ナル系		（計）
	イケナイ	イケマセヌ	ナラナイ	ナリマセヌ	
ナクテハ	1	5	0	2	（8）
ナケレバ	0	6	1	10	（17）
（計）	（12）		（13）		（25）

　『日語指南』に於いては、前部分に「ズ系」の「ネバ」「ニヤ（ニヤア）」「ズバ（ズ
ハ・ザア）」はなく、専ら「ナイ系」の「ナクテハ」「ナケレバ」である。そして後部
分は「イク系」（合計12例）の「イケナイ」「イケマセヌ」と「ナル系」（合計13例）の
「ナラナイ」「ナリマセヌ」という使用状況である。
　このような『日語指南』の「イク系」「ナル系」の使用状況から、『日語指南』が発
行された1900年初め頃、留学生が生活するうえで、当為表現の後部分を「イク系」「ナ
ル系」と、2つのかたちを学習させておくことが必要だったものと推測される。この
ことは金井が前著『日本俗語文典』に於いてふれなかった当為表現を、『日語指南二』
に於いては「（第21）ナケネバナラヌ用法」「（第22）ナケレバ…ヌ用法」として項目
を立てていることからもうかがわれる。

2.4　原因・理由の接続助詞「ノデ」「カラ」

　原因・理由の接続助詞「ノデ」「カラ」は合計43例あった。「ノデ」が1例、「カラ」
が42例である。「カラ」については、文末にあるものを分けて、用例を挙げる。

〈「ノデ」〉

　全体、学生ヲ募集スルコトハ、年年、キマッタ時ガアルノデ、今年ノ募集ハ、リ

ンキノハカラヒデス (二・86・9)

　　原來招募學生每年有一定的時了今年招募是随時办理的

〈「カラ」〉

　道ニ車ガアリマセンデシタカラ、アルイテキマシタガ、実ニヘイコウシマシタ

　　路上沒有車了所以我走着來了實在困住了　　　　　　　　　　　　　(二・61・4)

　コノ葉巻煙草ハ、キツスギマスカラ、スヒマセヌ (二・42・10)

　　這烟捲兒過于冲所以我不吃

　此もやうかたは、余り派手でありませぬから、若いむすめには、にあひますまい

　　這花樣兒不大華美所以不應對年輕的姑娘罷　　　　　　　　　　　(二・40・7)

　此あかりは、あまりあかるくないから、あかるいのに、とりかへておいでなさい

　　這燈火不大明亮換了個明亮的來罷　　　　　　　　　　　　　　　(二・39・8)

　もうかうなっては、しかたがありませんから、私は白状しなければなりませぬ

　　事到如今沒法子了我不可招　　　　　　　　　　　　　　　　　　(二・119・7)

　此新聞ハ、面白イカラ、私ハ、アナタガ、屹度、何時マデモ、見アキナイコトヲ、

保証シマス (二・146・6)

　　這報有趣兒我管保儞永遠不看膩

　アノ競売ハ、品物ガ大分アルカラ、ドウシテモ、一日売ラナクテハ、売切ルコト

ガ出来マイ (二・162・6)

　　那拍賣東西不少了巧了總得賣一天纔能賣完哪

〈「カラ」文末〉

　ドウゾアナタ、モウシバラク、オマチ下サイ、私ハ、今スグニ、手紙ヲカイテシ

マヒマスカラ (二・35・3)

　　晴再等會子我這就決寫完信哪

　ソコニ、大勢イッシヨニ立ッテ居テハ、イケマセヌ、邪魔ダソウデスカラ

　　不要大家一塊兒站在這裡他説是擾他了　　　　　　　　　　　　　(二・179・7)

　かねを、あの人のてもとに、あづけてはいけませぬ、つかひこみそうですから

　　把銀子不要存在他手裡要侵吞的似的　　　　　　　　　　　　　　(二・183・9)

「ノデ」「カラ」の上接語の使用状況は、表1-3のとおりである。

表1.3 「ノデ」・「カラ」の上接語

助詞 ＼ 上接語	動詞	形容詞	助動詞			（計）
			デス	マス	ナイ・ヌ・ン	
カラ	2	2	12	11	11	38
カラ（文末）	0	0	2	2	0	4
ノデ	1	0	0	0	0	1
（計）	3	2	14	13	11	43

　助動詞は、丁寧の「デス」・「マス」、および打消の「ナイ・ヌ・ン」に付いている。文末にある「カラ」は、「デス」「マス」にそれぞれ2例ずつある。

　原因・理由の接続助詞「ノデ」「カラ」の変遷については、原口（1970）、吉井（1977）などの先行研究があるが、「ノデ」が定着するのは、原口（1970）によると、明治10年代からであるとされ、吉井（1977）によると明治20年頃には定着し、「カラ」との併立時代に入るとされ、どちらも明治期前半には「ノデ」は定着していたと述べられている。しかし、『日語指南』（明治37・38）に於いてはいまだ「カラ」が優勢で、「ノデ」は定着していない。金井は、留学生が生活するうえでは、「カラ」のみで事足りると判断したのだろうか。

2.5　終助詞

　終助詞は全14例ある。『日語指南一』に於いては「ヨ」が3例、「ネ」が2例、『日語指南二』に於いては「ヨ」が5例、「ゾ」が2例、「ナ」が1例、「ネ」が1例であった。用例を挙げる。

〈「ヨ」〉

　アノムスメハ、指ノスキマカラ、コチラヲ、ノゾイテヲリマスヨ（ニ・60・9）
　　　那姑娘從他手縫兒裡偸着看這邊兒哪

　スグニ試験デスガ、ヨクベンキヤウシナイト、落第シマスヨ（ニ・85・7）
　　　快考試了不好好兒用工考不上哪

　タッタイマ、私供両人デ、アナタノ事ヲ、ウハサシテヲッタトコロデスヨ
　　　方纔私們倆人把儞的光景説着的哪　　　　　　　　　　　　（ニ・85・10）

　質屋ノ番頭ノ話デハ、アナタノアノ質ハ、久シク受出サナイソウデスガ、流レル
　トイケマセンヨ（ニ・178・6）
　　　依當舖掌櫃的説儞那票當老不回贖我怕是當死

〈「ネ」〉

コトワザニ、「噂ヲスレバカゲガサス」トヤラ、イヒマスガ、マッタク、チガヒ

ハアリマセンネ（二・86・3）

　　　　俗語说像什麼把人家的事说一说就看他來實在不錯

〈「ゾ」〉

アラッテミテ、色ガ落チタナラ、カヘシマスゾ（二・137・9）

　　　　我洗洗看若落了顔色就要退回去罷

参考文献

田中章夫（1967）「江戸語・東京語における当為表現の変遷」『国語と国文学』44-4

原口裕（1970）「「ノデ」の定着」『静岡女子大学国文研究』4

飛田良文（1990）「井上勤訳『月世界旅行』の振り仮名：漢字片仮名交り文から漢字平

　　　　仮名交り文へ」「丹羽純一郎訳欧洲奇事花柳春話の振り仮名」『東京語成立史の研究』

　　　　東京堂出版

諸星美智直（2000）「解説〔金井保三著：日本俗語文典〕」北原保雄・古田東朔編『日本

　　　　語文法研究書大成7』勉誠出版

吉井量人（1977）「近代東京語因果関係表現の通時的考察：「から」と「ので」を中心と

　　　　して」『国語学』110

吉岡英幸（2000）「明治期の日本語教材」『日本語教育史論考：木村宗男先生米寿記念論集』

　　　　凡人社

吉岡英幸（2001）「金井保三著『日語指南』の文法学習項目」早稲田大学日本語研究教

　　　　育センター編『講座日本語教育』37

2 大宮貫三 『日語活法』(1907)

書　　名　日語活法
著　　者　大宮貫三
読者対象　中国人留学生

発 行 所　早稲田大学出版部
発 行 者　荒川信賢
印 刷 者　石井要蔵
印 刷 所　丸利印刷合資会社
発 行 年　明治40(1907)年4月18日
判　　型　縦22×横15cm
項　　数　224頁
所　　蔵　国立国会図書館、京都大学附属図書館、早稲田大学図書館、
　　　　　三康文化研究所附属三康図書館

1　著者について

　『日語活法』を著した大宮貫三については、不明なことが多い。管見の限り、大宮について触れているものに、『早稲田大学百年史』[2.1]、吉岡（1994）がある。これらに加え、早稲田大学大学史資料センターに保管されている、大宮貫三自身が記したと推される履歴書がある（図2.1）。これは「自明治卅七年至大正貳年　文部省関係書類」249丁にあるもので、大宮が早稲田大学清国留学生部講師着任の際に早稲田大学に提出したもので、早稲田大学三代校長鳩山和夫が東京府に提出した進達願である。[2.2]

　大宮貫三は1879（明治12）年10月9日、千葉県夷隅郡上瀑村（現大多喜町下大多喜）に生まれた。大宮家は上瀑村の資産家で、二つの蔵を持つ家であった。貫三の兄・禎二は上瀑村村長を務めた人物である。1896（明治29）年4月、東京本郷にある私立中学郁文館に入学、1900（明治33）年3月、郁文館を卒業した。同年9月、早稲田大学の前身である東京専門学校文学部に入学。哲学・英文学を専攻し、1904（明治37）年3月、

（日語活法）目次 [2.3]

第一篇　助詞
第1節　ガ…マス（現在時）　*3*
第2節　ハ…デアリマス（現在）　*5*
第3節　ハ…デス　*7*
第4節　「ノ」用法及意趣（一）及マス之過去時　*8*
第5節　「ノ」用法（二）及意趣　*9*
第6節　ヲ用法及マセウ　*10*
第7節　「モ」用法意趣（一）　*13*
第8節　「ヘ」用法意趣　*15*
第9節　マシテ用法　*16*
第10節　「ニ」用法意趣（一）　*19*
第11節　「ト」用法意趣（一）　*20*
第12節　「ノ」用法（三）及デシタ　*21*
第13節　問答語用法　*22*
第14節　「居〔リ〕」用法　*25*
第15節　「ニ」用法意趣（二）　*27*
第16節　「ニ」用法意趣（三）　*29*
第17節　過去推測　*30*
第18節　「デ」用法意趣（一）　*33*
第19節　「参リ」用法　*36*
第20節　「下サイ」用法及意趣（一）　*37*
第21節　「下サイ」用法及意趣（二）　*39*
第22節　「下サイマセンカ」　*42*
第23節　「下サイマスナ」或ハ「下サルナ」用法（四）（否定）　*44*
第24節　「下サイ」用法意趣（五）　*46*
第25節　分詞的用法　*49*
第26節　否定法　*50*
第27節　「ニ」用法（四）　*53*
第28節　「ニ」用法（五）　*55*
第29節　「ニ」用法（六）　*56*
第30節　「ダ」「タ」及「テ」用法　*59*
第31節　「ガ」「ハ」用法分別　*62*
第32節　マス意趣　*69*
第33節　マセウ意趣　*75*
第34節　「ト」用法（二）　*78*
第35節　「ニ」用法（七）　*80*
第36節　第一、「ヨリ」…「マデ」用法　*81*
第37節　ヨリ用法（三(〻)）　*84*
第38節　「ニ」用法意趣（八）　*86*
第39節　「ニ」用法意趣（九）　*89*
第40節　「ニ」用法意趣（十）　*91*
第41節　「ニナリ」用法（二）　*92*
第42節　「デ」用法意趣（二）　*94*
第43節　「デ」用法意趣（三）　*96*
第44節　「カラ」用法（一）　*99*
第45節　「カラ」用法（二）助辞　*101*
第46節　「カラ」用法（三）　*102*
第47節　「カラ」用法（四）　*104*
第48節　「カラ」用法（五）　*106*
第49節　「カラ」用法意趣（六）　*107*
第50節　「ガ」用法（二）一種接続詞的助辞　*109*
第51節　「ガ」用法（三）　*111*
第52節　「ガ」用法意趣（四）　*113*
第53節　「デ」用法（四）　*115*
第54節　「デ」用法（五）　*116*
第55節　「ノ」用法意趣（四）　*119*
第56節　「ト」（二）及「バ」用法意趣　*121*
第57節　「ト」用法（三）　*124*
第58節　「モ」用法意趣（二）　*125*
第59節　「ノ」用法（五）　*127*
第60節　「ノ」用法意趣（六）　*129*
第61節　「ノ」用法（七）　*130*
第62節　「テモ」「デモ」用法　*132*
第63節　「ノデ」用法意趣　*140*
第64節　程用法意趣（一）　*143*
第65節　「程」用法意趣（二）　*144*
第66節　「程」用法意趣（三）　*146*
第67節　「ノニ」用法意趣（二(〻)）　*148*
第68節　「ノニ」用法（二）　*150*
第69節　「ノニ」用法（三）　*151*
第70節　「ノニ」用法（四）　*152*
第71節　「ノニ」用法（五）　*154*
第72節　「カ」「ナリ」及「ソレトモ」用法　*156*
第73節　「キリ」及「ギリ」用法意趣　*159*
第74節　「ヤウ」用法　*161*
第75節　サヘ用法（一）　*167*
第76節　「サヘ」用法（二）及「スラ」　*168*

第二篇　動詞
第1節　（一）四段活用動詞　*171*
第2節　（二）上一段活用動詞　*174*
第3節　（三）下一段活用動詞　*176*
第4節　（四）カ行変格活用動詞　*179*
第5節　（五）サ行変格活用動詞　*180*
第6節　将来法（一）　*182*
第7節　練習　*184*
第8節　過去仮想法（過去推測）　*185*
第9節　現在法（終止法）　*189*
第10節　否定法　*190*
第11節　中止法（分詞法）　*191*
第12節　連体法（形容法）　*193*
第13節　名詞法　*195*
第14節　条件法（前提法）　*197*
第15節　練習　*200*
第16節　請求法　*201*

第三篇　形容詞
第1節　〔形容詞変化〕　*203*
第2節　属于イ語彙　*204*
第3節　属于シイ語彙　*205*
第4節　〔属于ナ語彙〕　*206*
第5節　〔形容詞之法〕　*206*

第四篇　助動詞
第1節　能働助動詞　*209*
第2節　被働助動詞　*212*
第3節　恭謙的助動詞　*213*
第4節　使役働助動詞　*217*
第5節　使被働助動詞　*218*
第6節　自然働態助動詞　*220*
第7節　否定助動詞　*220*
第8節　願望的助動詞　*222*
第9節　時的助動詞　*223*

図2.1　大宮貫三自身が記したと推される履歴書

履歴書
原籍千葉県夷隅郡上瀑村千百七番地
現住東京市牛込区牛込矢来町九番地高橋方
　　　　　　　　　　大宮貫三

明治十二年十月九日生
学業
一、明治二十九年四月東京本郷認可私立中学郁文館ニ入学シ全三十三年三月卒業
一、明治三十三年九月ヨリ東京専門学校文学部ニ入学シ哲学及英文学ヲ専攻シ同三十七年三月卒業
一、明治三十七年五月中、師範学校中学校高等女学校ニ於ケル英語修身、教育ノ三教員免状ヲ下附セラル、
業務
一、明治三十七年九月ヨリ成城学校ニ於テ英語ヲ担任シ兼ネテ清国留学生ニ対スル日本語教授ヲ分担シ同三十八年八月ニ至ル、
一、明治三十八年九月ヨリ早稲田大学ノ清国留学生部ヲ開設スルニ際シ入リテ日本語教授ニ従事シ以テ今日ニ至ル、
賞罰
一、共ニ受ケタルコトナシ、
右之通相違無之候也
明治三十九年九月　大宮貫三

早稲田大学文学部を卒業。同年5月に師範学校・中学校・高等女学校の英語・修身・教育の教員免許状を取得。同年9月から1905（明治38）年8月まで、成城学校にて英語・日本語を担当。同年9月から1910（明治43）年7月まで、早稲田大学清国留学生部にて日本語を担当。その間の1907（明治40）年4月、『日語活法』を著す。早稲田大学清国留学生部の閉鎖と共に早稲田大学を去った後は不明であり、没年も現在のところ不明である。[2.4]

2　『日語活法』の内容

2.1　構成

　早稲田大学学監高田早苗よる序、早稲田大学清国留学生部主事青柳篤恒による日語活法序、そして著者大宮貫三による緒言が載っている。これらはいずれも漢文で記されてあり、緒言に

此書特為供于清国留学生日語科教程用編成者、仮定其学期為一年以期教了口語構

　　　成之大体

とあるので、『日語活法』が清国留学生部の日本語教科書、言いかえれば中国人留学
生を対象とした漢字圏の学習者向けの日本語教科書であったことがうかがえる。

　全体は四篇で構成され、第一篇（助詞[2,5]）は「ガ…マス」「ノ用法」など76節（168頁）
あり、全体の75%を占めている。以下、第二篇（動詞）は「四段活用動詞」「上一段
活用動詞」など10節（30頁）、第三篇（形容詞）は「形容詞変化」「属于シ語彙」な
ど5節（3頁）、第四篇（助動詞）は「能働助動詞」「被働助動詞」など9節（14頁）と
いう配分になっている。目次の項目名と本文にある項目名が異なるところが見られる。
すなわち、目次には「第二篇第8節　過去仮想法」が、本文では「第8節　過去仮想
法（過去推測）」、同様に、「第11節　中止法（分詞法）」−「中止法」、「第12節　連体
法（形容法）」−「連体法」となっている。

　本文は、各項目の初めに中国語で接続や意味について簡単にふれ、例として日本語
の例文がおおよそ1から2頁にわたって挙げられている。ただし、例文中ところどこ
ろに中国語での説明が付されている。それらをふまえ、「練習」がある。その内容は置
きかえ練習から訳読までさまざまである。第一篇ではほとんどないものの、第二篇に
なるとほぼ各節に練習があり、第7節・15節は節自体が「練習」となっている。

2.2　第一篇　助詞

　目次の項目をみると、だいたいは今日広く言われるところの助詞にあたるものと捉
えられるが、ところどころそう捉えかねるところもある。例えば「第14節「居〔リ〕」
用法」には（以下、用例の出典を、ページ・行・節で略示）

　　　将動詞「居リ」為助動詞用之時、其意変成状態尚継続、事実行動尚依然進行意。

　　　　　　　　　　　　　　　　　　　　　　　　　　　　　　　　（25・3・14）

　　　　　　　　　　助動詞
　　　花ガ散ツテ居リマス（25・6・14）

とあり、「第19節「参リ」用法」には

「参リ」者有「往」「来」二義。尊敬的動詞也。日常多用之（36・8・19）

とあるように、第一には助詞だけではなく、助動詞（今日では補助動詞、または補助用言にあたる）や動詞に関する記述がある。

2.3　第二篇　動詞

　第二篇は全16節ある。「第1節（一）四段活用動詞」から「第5節（五）サ行変格活用動詞」までは活用の種類を、具体的な動詞を挙げ、活用表を載せて説明している。但し、この活用表では活用形の種類はすべて「第一変化」「第二変化」「第三変化」「第四変化」となっている。そして、第6節以降、動詞の意味について説明している。例えば、「第16節　請求法」は以下のようである。まずことばのかたちに注目させ、その上で意味について説明するという方針がうかがえる。

　　四段動詞第四変化者命令也、但上下一段カ、サ両変格動詞第二変化下連助動詞ナサイ、或其下添テ、而下連ナイ以表之、在于日常語則．毎連ナサイ下サイ、下サイマシ等。（201・3・16）

「第〇変化」という活用形の名称は大槻文彦『言海』（1889〜1891）にある「語法指南」を参考にしていたと推されるが、前述のとおり形式を重視したものであり、「語法指南」と同様には捉えられない。大宮貫三『日語活法』にみる文法観については、さらなる調査のうえ述べることとしたい。

　種類毎の活用表を掲げる（表2.1）。

表2.1　『日語活法』の動詞活用表

		第一変化	第二変化	第三変化	第四変化
四段活動詞表（部分）	カ行	書カ	書キ	書ク	書ケ
上一段活用表（部分）	ア行	（鋳）イ	（鋳）イ	鋳ル	鋳レ
下一段活用表（部分）	ア行	（得）エ	（得）エ	得ル	得レ
カ行変格動詞	来	コ	キ	クル	クレ
サ行変格動詞		シ（セ）	シ	スル	スレ

2.4 第三篇　形容詞

第三篇は全5節ある。1節の冒頭に、以下のように記してある。

形容詞者冠名詞、代名詞而形容制限其意詞也。其類有二、一則本来者有語尾変化、他則名詞（有形容的意義者）下連ナ以成形容詞者是也。

現在、日本語教育に於いて形容詞をイ形容詞・ナ形容詞と2つに分類し、形容動詞という分類を行わないのが一般的であるが、明治期に於いて既にその分類がなされていたことは、日本語教育史上、注目すべきであろう。第2～4節では、「属于イ語彙[2.6]」「属于シイ語彙」「語尾添ナ」としてあてはまることばを列挙している。

2.5 第四篇　助動詞

第四篇は全9節ある。「第1節　能動助動詞」では可能、「第2節　被動助動詞」では受け身の助動詞、「第3節　恭謙的助動詞」では尊敬の助動詞ならびに「動詞転化助動詞」として「遊バス」「マスル」「入ラツシヤル」「ニナル」「下サル」「ナサル」「マス」の7つをとりあげている。

「第4節　使役働助動詞」は使役、「第5節　使被働助動詞」は使役受け身、「第6節　自然働態助動詞」は自発、「第7節　否定助動詞」は打消の助動詞、「第8節　願望的助動詞」では願望の助動詞「タイ」、そして「第9節　時的助動詞」では「マス」「テキル」「テヲル」「デス」をとりあげている。

以上、『日語活法』の構成と特徴について概観した。まとめると、以下のとおりである。

⑴「第一篇　助詞」では、現在一般に使用されている「助詞」とは異なる項がある。

⑵「第二篇　動詞」では、現在の活用形とは異なり、各活用の種類毎に活用語尾のかたちに注目し、「第一変化」「第二変化」「第三変化」「第四変化」と名づけ、まずことばのかたちに注目し、その上で下接することばによって意味を説明するという方針がうかがえる。

⑶「第三篇　形容詞」では、「属于イ語彙」「属于シイ語彙」「語尾添ナ」と三分し、いわゆる形容動詞を形容詞の1つとしている。

（附）活用表にある「第〇変化」という名称は大槻文彦「語法指南」を参考にしていたものと推される。

3 『日語活法』のことば

3.1 日本語教育史から見た『日語活法』の位置

吉岡（2000）は、明治期日本語教科書の内容・構成を分析し、主に何を教えることを目的に作成されたかという視点で、6つに分類している（本書pp.1,3参照）。その分類によると、『日語活法』は「B.語法型教材」中の「②語法用例教材」とされている。分類の定義を以下に引用する。

B.語法型教材（日本語が実際に使えるようにするために選択された学習項目を中心に構成された教材）

B-②語法用例教材（文型的な学習項目が列挙されて、それぞれに用法を示す例があげられている）

3.2 表記

3.2.1 かなづかい

表記は大半が漢字とカナで記されている。原則として中国語のみの説明が記され、その後日本語の例文が列挙されている。但し、例文中ところどころに中国語での説明が付されている。早稲田大学清国留学生部に於いて大宮貫三と同じく日本語を担当した金井保三による日本語教科書『日語指南』（本書1）の表記と『日語活法』の表記を比較してみると、『日語指南』は前半を表音式仮名遣い・棒引き仮名遣い（長音を「ー」で表記する仮名遣い）・分かち書きを採り、ひらがなとカタカナを織りまぜているのに対し、『日語活法』は初めから歴史的仮名遣い・分かち書きをせず・すべて漢字カナ表記となっている。

3.2.2 特徴のある表記

金井保三『日語指南』について「イ」と「エ」、「イ」と「ユ」、「シ」と「ス」の交替や拗音の直音化表記について述べたが、『日語活法』で「シ」と「ス」、「シ」と「セ」の表記について、以下のような例がみえる。

〈「シ」と「セ」〉

心配ヲサシテ下サルナ (44・19・23)

人ヲ泣カシテ下サルナ (46・1・23)

〈「マシ」と「マセ」〉

二三十分程御待チニナリマスト、主人ガ帰リマスカラ何卒御上リ下サイマシ
(143・8・64)

御父サン坊ヤノニ御饅頭ヲ沢山買ツテ来テ下サイマシ (150・9・68)

人ガ込合ヒマスカラ掏摸ノ御用心ヲナサイマシ、ソレカラ切符ヲ潰サンヤウニナ
サイマシ (166・3・74)

其ノ洋盃ヲ取ツテ下サイマシ (202・2・16)

3.2.3　一本線・二重線

『日語活法』の日本語用例に於いて、ことばの右側に一本線・二重線が付されている場合がある。凡例もなく、表記についての方針が明らかでないが、一本線は外来語の普通名詞ないし副詞であり、二重線は外国の固有名詞であることがわかる。以下、用例を掲げる。

〈一本線〉

其テーブルノ上ニアル書物ハ小説デスカ大層綺麗デスネ (50・1・25)

私ハハツト驚キマシタ (79・8・34)

子供ノ時分芝居ヲ観タツキリトント行ツタ事ハアリマセン (160・8・73)

祝捷ノイルミネーションデ東京ハ花ノヤウデス (163・10・74)

〈二重線〉

仏蘭西皇帝ノ奈破翁ハコルシカノ人デシタ (21・7・12)

米国大統領ノローヅベルト氏ハ英雄デス (21・10・12)

マセドニア王ノフヒリップハ歴山大帝ノ父デス (22・3・12)

阿弗利加ノサハラハ大砂漠デス (119・12・55)

蒙古ノコビモ砂漠デス (120・1・55)

北米ノ<u>ナイヤガラ</u>ハ大瀑布デ有名デス（120・2・55）

印度ノ<u>ヒマヤラ</u>山ハ世界ノ高山デス（120・14・55）
（ママ）

3.3 可能表現

　明治期まで用いられていた「（ら）れる」「できる」に加え、「できる」や可能動詞が使用されはじめ、バリエーションの増えた可能表現であるが、『日語活法』に於いて可能表現は58例ある。分類すると以下のようになる。

　　⑴出来ル　　　⑵レル・ラレル　　　⑶可能動詞

　⑴出来ルを用いたもののうち、連体形＋コト＋助詞＋「出来ル」は、58例中11例ある。そのうち助詞に「ガ」「ハ」をとるものが各4例あり、以下各1例は「ニ」「ノ」「モ」をとるものであった。また、肯定形と否定形の用例数を比較すると、肯定形が1例、否定形が10例であった。

　　支那ト日本ハ遠クテモ二週間デ行ク事ガ出来マス（141・36・2）

　　甲サンハ才知ガ多過ギルノデ一意専心ニ研究スルコトガ出来マセヌ（142・4・63）

　　那人ガ甚麼様ニ敏腕デモ此ノ難関ヲ脱ケル事ハ出来マイ（134・6・62）

　　彼ノ時彼ノ論駁ヲ破ル事ノ出来ナカツタ程、残念ナコトハアリマセヌ（145・10・65）

　名詞＋助詞＋「出来ル」は、5例ある。そのうち、肯定形の2例が助詞に「ガ」をとり、否定形の3例が「ハ」をとるものであった。

　　私ハ倫敦ニ居マシタカラ英語ガ出来マス（107・6・48）

　　咄ハ分明リマシタガ賛成ハ出来マセヌ（110・11・50）

　名詞に直接「出来ル」の付く例はなかった。

(2)レル・ラレルは、23例ある。上接する動詞の活用の種類別に、四段動詞が17例、下一段動詞が2例、上一段動詞が2例、カ変が1例、サ変が1例であった。肯定形と否定形の用例数を比較すると、肯定形が15例、否定形が8例であった。

　　　三十分デ横浜マデ参ラレマス（118・8・54）

　　　学問ガ能ク覚エラレルハ結構ダガ遊ンデ許リ居ルノニ困リマス（211・3・1）

　　　否上手ニハ能キマセンガ少シハ運転シラレマス（210・7・1）

　　　起テキレバキラレルガ明日困ルカラ寝ミマセウ（211・12・1）

　　　貧シクテモ貴クテモ品性ガナケレバ紳士トハ言ハレナイ（140・6・62）

　　　昨日臥セツタギリ起ラレマセン（160・5・73）

　　　私ニハ能ク日本語ガ覚エラレマセヌ（210・4・1）

　　　甲様ハ今日、病気デ来ラレマセヌ（211・1・1）

(3)可能動詞は、16例ある。動詞語幹の拍数別に見ると、2拍が11例、3拍が5例である。肯定形と否定形の用例数を比較すると、肯定形が10例、否定形が6例であった。

　　　私ハ笛ガ吹ケマセウ（77・11・33）

　　　私共モ文章ヲ作レマセウ（77・12・33）

　　　悲シイヤウナ情ナイヤウナ何トモ曰ヘヌ感ジガスル（162・3・74）

　　　馬ノニハ疾ク走レルガ牛ノニハ走レナイ（152・3・69）

　　　イクラ上手ニ遊ンデモ何時カハ知レル（138・4・62）

　　　イクラ日本語ガ上手デモ箸ノ持チ様デ直グ西洋人ダ事ガ知レタ（166・12・74）

以上の可能表現が挙がっている順を整理すると、次のようになる。

第一篇（助詞）第26節　「レル・ラレル」
　　　　　　　　第33節　可能動詞
　　　　　　　　第35節　連体形＋コト＋助詞＋「出来ル」
　　　　　　　　第48節　名詞＋助詞＋「出来ル」

3.4　当為表現

　明治期に於いて、典型的な「ナケレバ－イカン」等、さまざまなバリエーションのあった当為表現であるが、『日語活法』に於いては4例ある。前項で分類すると「ナイ」系の「ナクテハ－」が1例、同じく「ナイ」系の「ナケレバ－」が3例、また後項で分類すると「イク」系が3例、「ナル」系が1例である。『日語活法』に於いても田中（1967）の指摘に同様である（本書p.11参照）。

〈「ナケレバ」－「イケマセヌ」〉
　人ハ人ヲ助ケルナリ事業ヲ起スナリソレトモ教育ヲスルナリ何カシナケレバ
　イケマセヌ（157・7・72）

　洋行シタケレバ準備ヲ善クシナケレバイケマセヌ（223・7・8）

〈「ナケレバ」－「イケマセン」〉
　国家ノ諸機関ノ中教育程大切ナ者ハアリマセヌ、ソレデスカラ教育ハ大事ニ
　シナケレバイケマセン（146・3・65）

3.5　「マイ」「ナイダロウ」

　明治期に於いて「マイ」「ナイダロウ」の使用状況も注目されるところであるが、『日語活法』に於いては、「マイ」は8例、「ナイダロウ」は0例という使用状況であった。田中（1981：161-162）には「マイ」について、以下の如くある。

　　明治中ごろから、少なくとも推量の意味では、あまり使われなくなり、〔中略〕「マイ」は、もっぱら意志のみを表す単純な助動詞に転じる傾向が強まってきた。

　『日語活法』に於いては、「マイ」について以下の如く説明し、「マイ」を打消推量としている。明治期に於ける「マイ」の実態の一端を知るうえで、また当時の日本語

教育の現場に於いて「マイ」をどのように捉えていたのかを知るうえで、興味深い記述である。

　　現在否定別有マスマイ以表否定的推量、過去亦別有マセナンダ。（52・4・26）

　以下、用例を掲げる。

　　明日私ハ学校へ行キマスマイ（52・6・26）

　　未十二時ガ鳴リマスマイ（52・9・26）

　　未ダ寒イカラ梅モ咲クマイ（222・3・7）

　　私ハ希望ノアル間ハ決シテ死ヌマイ（222・6・7）

3.6 「マセナンダ」「マセンデシタ」
「マセナンダ」の用例は以下の2例である。

　　雨ガ歇ミマセナンダ（52・8・26）

　　私ハ昨日散歩ニ行キマセナンダ（52・13・26）

　この「マセナンダ」は現代の「マセンデシタ」につながるものであるが、『日語活法』には「マセナンダ」と共に「マセンデシタ」の例（16例）も見られる。

　　一昨日ハ芝居へ行ク積デツイ参リマセンデシタ（52・2・26）

　　昨夜雲ガ散リマセンデシタ（52・7・26）

　　彼ハ承知シタガ私ハ承諾致シマセンデシタ（110・4・50）

　また、打消過去の「ナンダ」に取って代わる「ナカッタ」の例は、以下の1例のみであった。

彼ノ時彼ノ駁論ヲ破ル事ノ出来ナカツタ程、残念ナ事ハアリマセヌ (145・10・65)

「マセナンダ」から「マセンデシタ」、「ナンダ」から「ナカッタ」に変化してゆく
さまの一端がうかがえる。

3.7 原因・理由の接続助詞「ノデ」「カラ」
原因・理由の接続助詞「ノデ」は17例、「カラ」が44例、そのうち文末にある「カ
ラ」が3例であった。「カラ」の使用が「ノデ」を上回るのは、『日語指南』と同様で
ある。(本書p.12参照)

〈「ノデ」〉
空ガ霽レナイノデ頭痛ガスル (52・3・26)

彼ハ遁鈍ナ方デスガ忍耐力ガ強イノデ近頃ハ大層ナ進歩デス (141・12・63)

〈「カラ」〉
雨ガ降リマスカラ傘ヲ貸シテ下サイ (41・1・21)

汝ハ遊ンデ許リ居ルカラ失敗シヨウ (183・12・6)

往ケバ往ケルガ詰ラナイカラ往キマセン (211・11・1)

〈「カラ」文末〉
乙サンガ買ツタ家ヲ見ニ行キマセウ、二階造リデ見晴シガ宜イ相デスカラ

(49・11・25)

快ク埓ラカニ決メテ下サイ困リマスカラ (202・4・16)

此方ヘ御出遊バセ、好イ景色デ御座イマスカラ (216・3・3)

3.8 その他
これまでとりあげた事項の他に、管見の限り目についた用例を掲げておく。

「足リ」と〈五段活用の未然形「足ラ」〉が共に挙がっている。

〈「足ル」〉

　遣リ足ラナイノハ遣リ過ギト同ジ事デス（128・12・59）

　ロハ幾何慎ンデモ慎ミ足ラナイ（138・11・62）

〈上一段活用未然形〉

　男ハ大キイガ知恵ガ足リナイ（110・10・50）

〈「マシタノデスカ」〉

　此ノ文章ハ貴方ガ書キマシタノデスカ（128・3・59）

4　『日語活法』における文法学習項目

　『日語活法』で著者・大宮貫三が目指した日本語運用能力は、どの程度のものだったのか。それには『日語活法』中の日本語の例文には、今日の日本語学習の基準に照らして、どれくらいの達成度が想定されていたのか、文法学習項目の内容を分析するのがよいであろう。ここでは、今日の基準として『日本語能力試験出題基準（改訂版）』（国際交流基金・日本国際教育支援協会、2002）の「出題基準」（文法）を採り、『日語活法』中の用例を比較検討する。

　以下、「出題基準（文法）」4級・3級の文法学習項目が、『日語活法』のどこに出現（初出）するか（しないのか）を調査し、そのうえで、『日語活法』が項目数に関して、今日の基準に占める率（採用率）を算出してみる（表2.2）。

表2.2　『日語活法』と『日本語能力試験出題基準（文法）』の文法学習項目比較

	分類	A-I 文型・活用等	A-II 助詞・指示語・疑問詞等	B 表現意図等	計
4級	採用数 / 項目数	36 / 54	35 / 45	16 / 22	90 / 121
	採用率（％）	67	84	73	74
3級	採用数 / 項目数	13 / 19	11 / 19	50 / 83	74 / 121
	採用率（％）	68	58	60	61

　級別にみると、4級の文法学習項目は74％、3級の文法学習項目は61％の採用率である。各級の分類別に採用率の幅をみると、最も高いのが4級のA-Ⅱ助詞・指示語・疑問詞等の84％、最も低い3級のA-Ⅱ助詞・指示語・疑問詞等58％である。ここから、

大宮貫三は文法学習項目に対する一定の認識があり、段階的に易しいものから難しいものへという意図があったと考えられる。

　大宮貫三と同じ、清国留学生部において日本語を教えていた金井保三が著した2冊の日本語教科書『日語指南』『甲種日語読本』の文法学習項目についての調査が吉岡(2001)にあるが、『日語指南』においては4級が83%、3級が59%であり、『日語指南』の2年後に出版された『甲種日語読本』においては4級が84%、3級が71%となっている。『日語活法』はこれらと比較するとやや見劣りの感もあるが、大宮貫三は早稲田大学卒業後から1年、成城学校で日本語を教えて清国留学生部に日本語講師最年少で教鞭を執り、日本語を教えはじめて2年半で『日語活法』を著したのに対して、金井保三は清国留学生部で教える以前に8年日本語教師をし、かつ『日本俗語文典』『日語指南』を著したことを考えると、一概に優劣はつけがたい。

注

2.1　早稲田大学（1981）『早稲田大学百年史』第2巻、第9章・第7表「清国留学生部予科講師および担当科目（明治38-39年度）」（p.171）、同第9表「清国留学生部予科講師および担当科目（明治40-41年度）」（p.188）によると、大宮貫三が日本語を担当していたことがわかる。

2.2　履歴書の閲覧を許可してくださった早稲田大学大学史資料センターに感謝申しあげる。

2.3　項目名は、目次と本文初めに記されているものと若干異なっている箇所があるが、原則として後者を採り、一部の付番は正した。

2.4　大宮貫三については、聞きとり調査に応じてくださった大宮泰司氏によるところが多い。ここに記して感謝申しあげる。

2.5　目次および本文第一篇の見出しには「助詞」と記されているが、本文の見出しは「助辞」である。

2.6　目次・本文見出しとも「属于シ語彙」だが、「イ、シイニ変化通各形容詞同一矣」（204・1・1）とあるので、正しくは「属于イ語彙」。

参考文献

伊藤孝行（2003）「明治期日本語教科書『日語指南』の語法」『国語研究』67

国際交流基金・財団法人日本国際教育協会（2002）『日本語能力試験出題基準　改訂版』、凡人社

田中章夫（1967）「江戸語・東京語における当為表現の変遷」『国語と国文学』44-4

田中章夫（1981）「近代語（明治）」『講座日本語学』3、明治書院

吉岡英幸（1994）「早稲田大学清国留学生部：そのカリキュラムと日本語教師」『講座日本語教育』29

吉岡英幸（2001）「金井保三著『日語指南』の文法学習項目」早稲田大学日本語研究教育センター編『講座日本語教育』37

3　ベルリッツ『日本語教科書』(1919)

書　　名　日本語教科書 ヨヲロッパ版 (Nippon go Kyo Kwa shio)

著　　者　ベリッツ[3.1] (M. D. Berlitz)

読者対象　英語を解する人

発 行 者　M. D. Berlitz
発 行 年　1919(大正8)年
発 行 地　New York, Paris, London
判　 型　縦21×横14cm
頁　 数　132頁
所　 蔵　(1909年版) 岩手大学図書館
　　　　　　　　　　神戸大学附属図書館海事科学分館
　　　　　　　　　　国際日本文化研究センター
　　　　　　　　　　東京外国語大学附属図書館
　　　　　　 (1919年版) 神戸市外国語大学学術情報センター図書館
　　　　　　　　　　天理大学附属天理図書館本館
　　　　　　　　　　東京外国語大学附属図書館
　　　　　　　　　　兵庫県立大学神戸商科学術情報館
　　　　　　　　　　明治大学図書館
　　　　　　　　　　国際交流基金 ライブラリー

1　はじめに

1.1　背景

　これまで明らかになっている日本語教育史を概観すると、明治期は東アジア、とりわけ中国人学習者の時代と言ってもさしつかえないだろう。主な機関として、1899(明治32) 年には嘉納治五郎によって亦楽書院が設立され (後に改組され弘文学院、その後宏文学院)、1902 (明治35) 年には実践女学校に中国子女部が、そして1905 (明治38) 年には早稲田大学に清国留学生部が開設された。時を同じくして中国人学習者向けの日本語教科書も日本人・中国人によって数多く発行され、中でも1904 (明治37) 年

（日本語教科書）目次

表紙
（英文・著作権表記）
Preface（序・英文、4頁）
五十音（表・1頁）

第1部　物質教授編

第1章　Dai itchi shioo.　*13*

第2章　Dai ni shioo.　*15*

第3章　Dai san shioo.　*17*

第4章　Dai shi shioo,　*23*

第5章　Dai go shioo.　*29*

第6章　Dai roku shioo.　*34*

第7章　Dai shitchi shioo.　*39*

第8章　Dai hatchi shioo.　*42*

第9章　Dai ku shioo.　*45*

第10章　Dai jus'shioo.　*54*

第11章　Dai jiu itchi shioo.　*59*

第12章　Dai jiu ni shioo.　*64*

第13章　Dai jiu san shioo.　*71*

第14章　Dai jiu shi shioo.　*76*

第2部　会話編

時計　Tokei.　*85*

年　Toshi　*88*
<small>トシ</small>

一個年。Ik'ka nen:　*89*

昼ト夜　Hiru to yoru.　*91*
<small>ヒル　ヨル</small>

天気　Tenki　*95*
<small>テンキ</small>

現在　過去　未来　Genzai, Kwako, Mirai.　*98*
<small>ゲンザイ　クワコ　ミライ</small>

生物　Ikimono.　*102*
<small>イキモノ</small>

田野　Inaka.　*106*
<small>イナカ</small>

旅行　Tabidatchi　*109*
<small>タビダチ</small>

出立　Shiut'tatsu.　*113*
<small>シュッタツ</small>

旅宿　Hatagoya　*116*
<small>ハタゴヤ</small>

料理店　Riori-ya.　*121*

散歩　Sampo.　*125*

日本語の勉強　Nip'pon go-no benkyo.　*130*

平仮名五十音（表、1頁）
Errata（正誤表、1頁）
序（フランス語、ドイツ語、ロシア語）

に刊行された松本亀次郎著『言文対照・漢訳日本文典』は40版を重ね、明治期に刊行された日本語教科書の中でも抜きん出たものとなっている。

　そのような中、1909（明治42）年にベルリッツ著『日本語教科書』が刊行された。『日本語教科書』は中国人学習者向けの日本語教科書にあるような漢訳はなく、アルファベットが併記されている。このような中国人学習者向けではない日本語教科書は当期に於いて数少ないものである。

1.2 ベルリッツと『日本語教科書』

　以下、本書で参照した底本は国際交流基金ライブラリー所蔵本（1919年版）である。

　著者ベルリッツ（Maximilian Delphinus Berlitz, 1852-1921）は、現在世界中にあるベルリッツ・スクールの創始者として知られている。

　『日本語教科書』に関して、また「ヨヲロッパ版」について、関・平高（1997）に以下の如くある。

> 　アメリカに作られたベルリッツ・スクールは、その後ヨーロッパに広がり、1890年代にはアメリカ、ドイツ、イギリス、フランス、ハンガリー、オーストリア、オランダにおよそ50の学校があったという。また、当時はまだ珍しかった夜間コースがセールスポイントで、ヨーロッパ言語に限らず、今世紀のはじめには日本語も教えられていた。（p.74）

> 　「ヨヲロッパ版」とは、おそらくこの教科書がヨーロッパで出版されたことを示すのであろう。それは、教科書の発行地がベルリン、パリ、ニューヨーク、ロンドン、ペテルブルグとなっていることからもうかがわれる。（p75）

　関・平高（1997）が参照した『日本語教科書』は1909（明治42）年版であるが、本書で使用した1919年版にはベルリン・ペテルブルグが記されておらず、ニューヨーク、パリ、ロンドン3都市の住所のみとなっている。

2　『日本語教科書』の内容

2.1　構成

　本書には目次のページがないので、本文に記されてある項目を別掲のようにまとめた。

　第一部・物質教授編は全14章すべての章にわたって章題はない。おおむね各章の冒頭にその章で扱う語彙や表現が示され、例文が列挙されている。

　第二部・会話編は全13話、「時計」から「田野（イナカ）」までは誰が誰に話しているのか話者が特定されないが、「旅行（タビダチ）」から「散歩」まではベリッツとイノウエの2人による日本での道中という設定になっている。

2.2 ベルリッツ・メソッド

序（Preface）にベルリッツのめざす指導方針・指導法、いわゆるベルリッツ・メソッドが具体的に記されている。関・平高（1997：75）のまとめを引用する。

1) 具体的な意味をもった表現は実物を使って教えること。
2) 抽象的な事柄は概念の比較や結合を通して教えること。
3) 慣用的な表現はその国民の習慣が現れるから、繰り返し使わせて教えること。
4) 外国語の表現を母語の表現と比べないこと。
5) 個々の語の意味にとらわれずに、全体を把握すること。

3 『日本語教科書』のことば

3.1 表記
3.1.1 本文の表記

表記について、日本語の本文は手書きで記されており、漢字の右には適宜カタカナでその読みが付されている。日本語表記の左にはすべてローマ字が併記され、ローマ字は手書きではなく活字になっている。漢字の表記には誤りが散見される。

文体については一貫してデス・マスを採用し、ダ・デアルはみられない。全編通して文法説明に関する記述は一切ない。

3.1.2 五十音図

巻頭の五十音図（片仮名）は右からではなく左からア行がはじまっており、仮名の下にローマ字が付してある。たとえばつぎのようである。

	シ	ジ	ズ	チ	ヂ	ヅ	フ
	si(shi)	zi(ji)	zu	tchi	dji	dzu	fhu
（ヤ行）	イ	エ					
	yi	ye					
（ワ行）	ヰ	エ	ヲ				
	wi	we	wo				

また、ンはナ行のヌと共にnと記されてある。ネは「子」となっているが、右下にやや小さく「ネ」とあり、参照の底本には「子」に○と×の書きこみがある。ヤ行のイとエ、ワ行のウの欄は×と斜線で塗られている。

3.1.3 一本線

『日本語教科書』本文に右側に一本線が引かれていることばがあり、おおむね国・地域・都市名・人名等の固有名詞、外来語となっている。以下、一本線の引かれてあることばを頻度順に掲げる。

〈頻度6以上〉	ニッポン　26	ベリッツ　22	エイ　14	マッチ　13
	ヨヲロッパ/ヨヲロツパ 12		イノウエ　11	イギリス　8
	フランス　8	ガス　7	ドイツ　6	
〈頻度5〉	アメリカ	トヲキヨ		
〈頻度4〉	カタカナ	シナ	スウプ	バラ
	ロシヤ	ロンドン		
〈頻度3〉	ステエシヨン	ニユヨヲク	パリ	ビフテキ
	フツ	レモン		
〈頻度2〉	アマリ	イ	インク	ウツコンコ
	エイコク	コップ	サンフランシスコ	シヤボン
	パン	フッコク	ヲムレツ	
〈頻度1〉	イジプト	グランドホテル	サイゴヲ	サンルイ
	シンコク	スミダ	スミレ	セキチク
	テイコクホテル	ドク	ドッコク	トヲゴヲ
	ナガサキ	ニッポンコク	ハ	ハイ
	ヒト	ベルリン	ペン	ヨコハマ
	ロ	ロコク	ロスチヤイルド	ワシントン
	ヲンナ	ン	A	Z

頻度6以上にある「エイ」は「エイ語」として出てくるものである。頻度2にある「イ」、頻度1にある「ハ」、「ロ」、「ン」、「A」、「Z」については、第9章後半にカタカナについての紹介で一本線が引かれているものである。

　　<u>イ</u>　^{ダイイチモチ}第一字デス。<u>ロ</u>　第二字デス。<u>ハ</u>　第三字デス。(53・1・9・2)
　　(i) dai itchi moji desu, (ro) dai ni moji desu, (ha), dai san moji desu

　　<u>カタカナハイ</u>デ始リマス。<u>ン</u>デ^ヤ止ミマス。(53・1・9・3)
　　Katakana-wa «i» de hajimari-masu «n» de yami-masu

　　<u>ヨヲロッパ</u>ノ字ハ<u>A</u>デ始リマス。<u>Z</u>デ止ミマス。(53・1・9・4)
　　Yoroppa-no moji wa A de hajimari-masu, Z de yami-masu

頻度1にある「ハイ」「ヒト」「ヲンナ」についても、日本語の紹介ということで一本線が引かれているものと推される。

ヒト。ヲンナ。ハイ。此レハニッポンノ語デス（47・1・9・3）
　hito, onna, hai korewa Nihon-no kotoba desu

　また、頻度2にある「ウツコンコ」はチューリップの異称である「鬱金香」、頻度1にある「サンルイ」はアメリカの都市Saint Louisのことである。

　此レハ花デ有リマス。バラ。ウツコンコ。セキチク。スミレ。花ハ香ヒマス。
　（72・1・13・6）
　Korewa hana de arimasu: Bara. utzu-konko. seki-tchiku. sumire, Hana-wa nioi-masu.

　ニユヨヲク、ワシントン、サンルイ等大層面白イ市デ御座リマス。（111・2・旅行・6）
　New-York, Washington, Saint-Louis, nado taisoo omoshiroi matchide gozari masu.

3.2　可能表現

　可能表現については38例、第一部に27例、第二部に11例確認できた。特に第11章（pp.59-63）と第12章（pp.64-69）に合計21例と集中している。可能表現のかたちについては「コト＋ガ＋出来ル」が38例中36例を占め、「コト＋ガ＋出来ル」以外のかたちは「コト＋ハ＋出来ル」、「名詞＋ガ＋出来ル」がそれぞれ1例のみとなっている。可能表現は「出来ル」を用いた用例のみで、可能の助動詞「レル・ラレル」を用いたものや可能動詞はみられない。「出来ル」の肯定形・否定形・疑問形の内訳は肯定形12例、否定形17例、疑問形9例となっている。

　「コト＋ガ＋出来ル」の肯定形・否定形・疑問形の初出例、「コト＋ハ＋出来ル」、「名詞＋ガ＋出来ル」の用例はそれぞれ以下のとおりである。

　机ニ触レルコトガ出来マス（61・1・11・3）
　tsukuye-ni fhureru-koto-ga dekimasu

　天井ニ触レルコト（ママ）出来マセヌ（61・1・11・2）
　Tenjoo-ni fhureru-koto-ga dekimasenu

　マッチヲ損スコトガ出来マスカ（62・1・11・3）
　Match-wo kowasu-koto-ga dekimasu-ka?

　君ハ長ク此処ニ御止マリナサレマシヨカ。否　止マルコトハ出来マスマイ
　（101・2・現在過去未来・3）
　Anata-wa nagaku koko-ni o-todomari-nasare-mashioo-ka?　Iye, todomaru-koto-wa
　　dekimasumai

　美シイ天気デス、楽シイ散歩ガ出来マシヨ（126・2・散歩・2）
　Utsukushii tenki desu, tanoshii sampo-ga dekimashioo

次に「コト＋ガ/ハ＋出来ル」の上接語についてみる。「出来ル」の上接語が現在
の日本語教育に於いてどのような位置にあるのか、『日本語能力試験出題基準』[3.2] と
照合した結果を級数順、頻度順にまとめる。

表3.1 「出来ル」の上接語の頻度と『日本語能力試験出題基準』のレベル

頻度	上接語	級数	上接語
4	損ス（kowasu）	4	開ケル（akeru）
4	触レル（fhureru）	4	揚ゲル（ageru）
3	出行ル（deru）	4	歩ク（aruku）
3	見ル（miru）	4	入レル（ireru）
2	開ケル（akeru）	4	聞ク（kiku）
2	揚ゲル（ageru）	4	切ル（kiru）
2	歩く（aruku）	4	出行ル（deru）
2	入レル（ireru）	4	待ツ（matsu）
2	嗅グ（kagu）	4	見ル（miru）
2	聞ク（kiku）	4	休ム（yasumu）
2	切ル（kiru）	4	読ム（yomu）
2	止マル（todomaru）	3	生キル（ikiru）
1	休ム（yasumu）	3	御切リナサル（o-kiri-nasaru）
1	御切リナサル（o-kiri-nasaru）	3	損ス（kowasu）
1	生キル（ikiru）	3	眠ル（nemuru）
1	眠ル（nemuru）	3	翻訳ヲスル（honyaku wo suru）
1	翻訳ヲスル（honyaku wo suru）	2	嗅グ（kagu）
1	待ツ（matsu）	2	止マル（todomaru）
1	読ム（yomu）	2	触レル（fhureru）

　表3.1について、現在日本語教育でいわゆる初級レベルの語が16例あり、84%を占
めている。2級の語も3例使用しているが、その文を見れば初級の段階でも容易に理
解することのできるものである。また頻度が2以上のことばが異なり語19語中12語
を占めていることは、2.2に援用した関・平高（1997）にある要約3）の後半部に沿う
結果と言えよう。可能表現を用いているところ以外にも『日本語教科書』の、ことに
第一部に於いては、あまり多くの語彙や表現を導入せず、限られた語彙や表現で以て
導入しようとする方針が明快である。

　ベルリッツ『日本語教科書』に於ける可能表現を、先行する教科書2点、金井保三著『日
語指南』（1904–1905)および菊池金正著『漢訳学校会話篇』（1906)[3.3] と比較してみる。
　『日本語教科書』は、「コト＋ガ/ハ＋出来ル」型を筆頭に、可能の助動詞「レル・

ラレル」、可能動詞、「ナラヌ」「カネル」まで、用例数の多寡はあれど可能表現を幅広く提示した『日語指南』とは「コト＋ガ/ハ＋出来ル」がもっとも多いという点では共通するが、可能表現の種類数では対照的に少ない。また、可能動詞がもっとも多く、「コト＋ガ/ハ＋出来ル」型が0例であった『漢訳学校会話篇』とも対照的な結果となった。

　最後に、可能表現ではない「出来ル」の用例も5例確認できたことも付す。

　　　肺デ呼吸ヲ為マス、心臓デ血ガ出来マス（105・2・生物・2）
　　　Hai-de kokiu-wo shimasu, shinzoo-de tchi-ga deki-masu

　　　御荷物ハ出来マシタカ（114・2・出立・2）
　　　Go-nimotsu-wa deki-mashita-ka?

　　　（前例に対する返答）否未ダ出来マセヌ、家僕ハ其レヲ作ヘテ居リマス（114・2・出立・3）
　　　Iye, mada deki-masenu, meshitsukai-wa sore-wo koshirayete ori-masu

　　　何時ニ御飯ハ出来マスカ（119・2・旅宿・1）
　　　Nank-ni gozen-wa deji i-masu-ka?

　　　今用意ガ出来マシタ　出行マシヨ（126・2・散歩・1）
　　　Ima yooi-ga deki-mashita, de-mashioo

3.3　当為表現

　当為表現については5例、第一部にはみられず、すべて第二部にみられた。しかも、「旅行」から「出立」の3ページにわたって集中している。当為表現のかたちはすべて前項が「ズ系」、後項が「ナル系」の「子バナリマセヌ」であった。以下、用例を掲げる。

　　　私ハ内ヘ帰ヘラ子バナリマセヌ（113・2・旅行・1）
　　　watakushi-wa utchi-ye kayeraneba-nari-masenu

　　　何時ニステエションマデ参ヘラ子バナリマセヌカ（114・2・出立・4）
　　　Nani-ji-ni steshion made mayeraneba-nari-masenu-ka?

　　　荷物ニ幾何払ハ子バナリマセヌカ（116・2・出立・3）
　　　Nimotsu-ni ikura harawaneba-nari-mase-nu-ka?

　　　鈴ガ響リマス、出行ル知ラセデス、汽車ニ入ラ子バナリマセヌ（116・2・出立・4）
　　　Rin-ga nari-masu, deru-shirase-desu, kishia-ni hairaneba-nari-masenu

今私ハ君ニ別レ子バナリマセヌ（132・2・日本語ノ勉強・6）
Ima watakushi-wa anata-ni wakareneba-narimasenu

　田中（2001）は、「ネバナラヌ」（「ネバナリマセン」は同類の形式とされる）というかたちは江戸語資料にもっとも頻繁にあらわれ、その後前項はズ系からナイ系の表現が主流となり、後項は明治初期にイク系の表現が現れはじめると述べる。『日本語教科書』で用いられている「子バナリマセヌ」は発行時期からすると、やや古いかたちを採っている。

　さらに、『日本語教科書』は当為表現として「子バナリマセヌ」しか使用しないのは、前項にナイ系の「ナクテハ」「ナケレバ」、後項にイク系の「イケナイ」「イケマセヌ」、そしてナル系の「ナラナイ」「ナリマセヌ」とまんべんなく提示している金井保三『日語指南』とは対照的である。前節で述べた可能表現、そしてこの当為表現と、近代に於いて両表現ともにさまざまなかたちがあったにもかかわらず、一つの表現を採用し、他の表現を採用しなかったことについて、関連すると思われる記述が序の一部にあるので（Preface p.3〔底本にノンブルはない〕）、以下に掲げる。

　　This book is designed only to be an introduction to conversation, since that is of the utmost importance to the average learner. It will, however, not be difficult for him, after finishing this book, to learn the various deviations used in the journalistic, literary or oratorical styles, though these are somewhat different from the conversational forms.

　一つの表現についてさまざまなことばがある場合、導入の仕方としてそれらをひととおり教える方法と一つの表現にしぼって教える方法と二分されるであろう。『日本語教科書』については後者であったことがうかがえる。ただし、なぜ可能表現であれば「コト＋ガ＋出来ル」を採用し、当為表現であれば「子バナリマセヌ」を採用したのか、その理由についての記述はない。

3.4　丁寧の助動詞「デス」

　丁寧の助動詞「デス」については276例、第一部に153例、第二部に123例みられた。「デス」のかたちについては「デス」が191例、「デスカ」が77例、「デシタ」が7例、「デショ」が1例である。

　「デス」の上接語を品詞・形態別にみると表3.2のようである。つづいて用例を掲げる。

表3.2 「デス」の上接語
%は用例の合計に対するもの（少数点第2位で四捨五入）。

上接語	用例数	%
動詞	2	0.7
形容詞	74	26.8
形容詞語幹	2	0.7
形容動詞	4	1.4
名詞	140	50.7
代名詞	6	2.2
形式名詞	3	1.1
助動詞	8	2.9
助詞	1	0.4
疑問詞	36	13.0

（合計276）

川ノ名ハスミダト言フデス（107・2・田野・6）
Kawa-no nawa sumida to iu desu

此ノ本ハ広イデスカ。（19・1・3・6）
Kono hon-wa hiroi desu-ka?

戸ハ大クアリマスカ又ハ小イデスカ。（21・1・3・2）
To-wa ookiku arimasu-ka, matawa tchiisai desu-ka?

窓ガ沢山アリマス。明イデス。（91・2・昼ト夜・6）
Mado-ga takusan arimasu, akarui desu;

若シ友達ヲ見マス、心ガ善イデス、楽イデス。（106・2・生物・1）
Moshi tomodatchi wo mimasu, kokoro-ga yoi desu (tanoshii desu)

日本国ハ大層面白イデス。（132・2・日本語ノ勉強・2）
Nip,pon-koku-wa taisoo omoshiroi-desu.

内デハ暖デス、其処ニハ火ガアリマスカラ。（95・2・天気・6）
Utchi-de-wa atataka desu, soko-ni-wa hi-ga arimasu-kara.

血ハ暖カデス（105・2・生物・1）
Tchi-wa atataka desu.

若シ体ガ皆ナ善クアリマス健康デス。（105・2・生物・3）
Moshi karada-ga mina yoku arimasu, joobu desu.

寝室ハ少シ小サイデス、シカシ寝処ハ誠ニ奇麗デス。(119・2・旅宿・5)
Nebeya-wasukoshi tchiisai desu, shikashi nedokoro-wa makoto-ni kirei-desu.

馬車ヨリハ人力車ノ方ガ便利デス、直グ其処ニ人力車ガ有リマス。(129・2・散歩・4)
Bashia-yori-wa jinriki-shia-no-hoo-ga benri-desu. sugu soko-ni jinriki-shia-ga ari-masu.

然 日本語ハ下手デスカラ勉強ヲ致シマス (132・2・日本語ノ勉強・1)
Hai, Nip'pon-go-wa heta desu-kara, benkyo-wo itashi-masu

君ハ市ヲ御存ジデスカラ御案内ヲ為サレマセ、私ハ後ニ続キマシヨ。(126・2・散歩・3)
Anata-wa matchi-wo go-zonji desu-kara, go-annai-wo nasare-mase, watakushi-wa ato-ni
　　tsudzuki mashioo.

君ハ何方ノ花ヲ御好キデスカ。(107・2・田野・3)
Anata-wa dotchira-no hana-wo o-suki desuka?

珈琲ハ苦イ味ヲ持チマス。其レデスカラ珈琲ニ砂糖ヲ入レマス。(79・1・14・6)
Koohi-wa nigaiadji wo motchimasu, sore-desu-kara koohi-ni satoo-wo iremasu.

紙ノ色ト天井ノ色ハ同ジコトデス。(58・1・10・3)
kami-no iro-to tenjoo-no iro-to onaji kotodesu.

窓ヲ開ケマシタカ。否 窓ヲ開ケマセンデシタ (98・2・現在過去未来・4)
Mado-wo ake-mashita-ka? Iye, mado-wo ake-masen'deshita

昨夜ハ雨ガ降リマセンデシタカ。(100・2・現在過去未来・5)
Yuube-wa ame-ga fhuri-masen deshita-ka?

イギリスノ新聞紙ヲ求メ度イデス。(127・2・散歩・2)
Igirisu-no shimbun-shi-wo motome-tai desu.

彼ノ娘ハ大層若ク有リマス、十二年計リデス。(91・2・年・3)
Ano musume wa taiso wakaku arimasu, jiu ni nen bakari desu.

3.5　原因・理由の接続助詞「カラ」「ノデ」

　原因・理由の接続助詞「カラ」「ノデ」については、「カラ」20例（うち文末の「カラ」が13例）、「ノデ」0例であった。明治期には定着していたとされる「ノデ」[3.4] は『日本語教科書』には採られていない。上接語は助動詞「デス」「マス」、打消の助動詞「ヌ」、および「デシタ」「マシタ」であった。これを表3.3としてまとめ、以下用例を掲げる。

表3.3 「カラ」・「ノデ」の上接語

接続助詞 ＼ 上接語	デス	デシタ	マス	マシタ	ヌ	（計）
カラ	6	0	1	0	0	7
カラ（文末）	2	1	6	1	3	13
ノデ	0	0	0	0	0	0
（計）	8	1	7	1	3	20

唯今私共ノ頭ハ疲レマシタ、其レデスカラ勉強ヲ止メテ家ヘ帰リマシヨ。（102・2・現在過去未来・3）

Tadaima Watakushi-domo-no atama-wa tsukare-mashita, sore desukara benkyoo-wo yamete, iye-ye kayeri-mashioo.

其レデスカラアメリカノ道トロシヤノ道ト何方ノ道ヲ取リマシヨカ。（112・2・旅行・1）

Soredesukara, Ameri-ca no mitchi to Roshia-no mitchi to, dotchira-no mitchi-wo tori-mashioo-ka?

私ハ手紙二本ト絵葉書三枚ヲ出シマスカラ十銭ノ郵便切手二枚ト四銭ノヲ三枚ヲ買ヒマシヨ、（128・2・散歩・3）

Watakushi-wa tegami ni-hon to ye-hagaki san-mai-wo dashi-masu-kara, jis' sen-no yuubinkit' te ni-mai to shi-sen-no-wo san-mai-wo kai-mashioo.

何故天井ニ触レマセヌカ。天井ハ余リ高イデスカラ。（64・1・12・3）

Naze tenjoo-ni fhure-masenu-ka? Tenjoo-wa amari takai desu kara.

学校ハ閉マツテ居リマシタ、日曜日デシタカラ。（100・2・現在過去未来・4）

Gakkoo-wa shimatte orimashita, nitchi-yoobi deshita-kara.

何故聞クコトガ出来マスカ。耳ヲ持チマスカラ。（73・1・13・5）

Naze kiku-koto-ga dekimasu-ka? Mimi-wo motchi-masu-kara.

私ハ心ガ善イデス、君ヲ見申シマシタカラ。（106・2・生物・2）

Watakushi-wa kokoro-go yoi desu, anata-wo mi-mooshimashita kara.

何故君ハ御書キナサレマセヌカ。私ハ鉛筆ヲ持チマセヌカラ。（64・1・12・4）

Naze anata-wa o-kaki-nasare-masenu-ka? Watakushi-wa empitsu-wo motchimasenu-kara.

　原因・理由の助詞「カラ」・「ノデ」の使用状況については、『日語指南』、『漢訳学校会話篇』と同様の結果となった。

3.6 助動詞「マイ」

　助動詞「マイ」は3例、すべて第二部にみられた。「ナイダロウ」「ナイツモリダ」はみられない。助動詞「マイ」について、田中（1981：161-162）には、「明治中ごろから、少なくとも推量の意味では、あまり使われなくなり、〔中略〕「マイ」は、もっぱら意志のみを表す単純な助動詞に転じる傾向が強まってきた」とあるが、全3例のうち、1例目は推量とも意志とも捉えられるが、2例目は推量、3例目は意志と捉えられる。可能表現、助動詞「マイ」についてもやや古めかしい表現といおうか、定着していた表現を採用している。

　　来年ハ私共ハ日本国<ruby>国<rt>コク</rt></ruby>ヘ参リマショカ。否 参リマスマイ　(101・2・**現在過去未来**・2)
　　Rai-nen-wa watakushidomo-wa nippon koku-ye mayeri-mashioo-ka? Iye, mayerimasumai.

　　君ハ長ク此処ニ御止マリナサレマショカ。否 止マルコトハ出来マスマイ。私ハ家ニ帰リマスカラ　(101・2・**現在過去未来**・3)
　　Anata-wa nagaku koko-ni o-todomari-nasare-mashioo-ka? Iye, todomaru-koto-wa dekimasumai, watakushi-wa iye-ni kayeri-masu-kara.

　　何カ御買ヒナサレマスカ。今日ハモヲ何モ買ヒマスマイ、又来マショ。(128・2・**散歩**・5)
　　Nanika o-kai-nasare-masu-ka? Kon-nitchi-wa moo nanimo kai-masumai, mata ki-mashioo.

3.7 待遇表現

　代名詞についてみると、一人称は「私（Watakushi）」「私共（Watakushi-domo）」、二人称単数は「君（Anata）」、二人称複数は「君方（Anata-gata）」、三人称は「-様（-san）」となっている。

　　<ruby>私 共<rt>ワタクシドモ</rt></ruby>ハ手ニ本ヲ持チマス。(44・1・8・6)
　　Watakushi-domo-wa te-ni hon-wo motchimasu.

　　君ノ髪ハ何色デスカ。(44・1・8・4)
　　Anata-no kami-wa nani iro desu-ka.

　　君方ハビフテキハ善ク焼キマシタノト半焼キト何方ヲ御好キデスカ。(122・2・**料理店**・4)
　　Anata-gata-wa biftek-wa yoku yaki-mashita-no to han-yaki to, dotchira-wo o-suki-desu-ka.

　　<u>ロスチヤイルド</u>様ハ沢山ノ金ヲ持チマス。(57・1・10・3)
　　Rothschild san wa takusan-no kane-wo motchimasu.

　　<ruby>番頭<rt>バントウ</rt></ruby>様<ruby>座<rt>ザ</rt></ruby><ruby>敷<rt>シキ</rt></ruby><ruby>一<rt>ヒト</rt></ruby><ruby>間<rt>マ</rt></ruby>ト<ruby>寝室<rt>子ベヤ</rt></ruby><ruby>二<rt>フタ</rt></ruby><ruby>間<rt>マ</rt></ruby><ruby>空<rt>ア</rt></ruby>イテ居リマスカ。(117・2・**宿**・4)

Bantoo san! Zashiki hitoma to nebeya fhutama aite ori-masuka?

給侍様、何カ甘イ食物ガ有リマスカ。(121・2・料理店・4)
Kiuji san! Nanika umai tabemono-ga ari-masu-ka?

モヲシ、車夫様私共ヲテイコクホテルマデ御遣リナサレ。(129・2・散歩・5)
Mooshi! Kuruma-ya-san! watakushi-domo-wo Teikoku-Hotel-made o-yari-nasare!

　尊敬表現について、「下サル」「御座リマス」「ナサル」が確認できたが、表3.4にみるように「ナサル」が多く使われている。中でも「御-ナサル」のかたちが208例中189例と頗る多い。「御座リマス」は「名詞＋助詞」につくかたちが44例中29例ともっとも多く使われている。「御-ニナル」はみられない。

表3.4　尊敬表現

（初出ページ）、〈命令形の数〉を示す。

尊敬表現	上接語	第一部	第二部	上接語計	尊敬表現計
下サル	本動詞（66） 補助動詞（67）	7〈3〉 2〈1〉	3〈3〉 9〈9〉	10〈6〉 11〈10〉	21〈16〉
御座リマス	名詞（117） 名詞＋助詞（26） 形容詞連用形（77） 助動詞「ガイ」（114） 疑問詞＋デ（109）	0 18 1 0 0	11 11 5 4 4	44 29 6 4 4	44
ナサル	本動詞（32） 動詞連用形（123） 名詞（131） 御-ナサル（28）	10〈2〉 0 0 121〈32〉	6 2〈1〉 1〈1〉 68〈14〉	16〈2〉 1〈1〉 189〈46〉	208〈50〉

　謙譲表現は「致ス」「戴ク」「参ル」「申ス」がみられる（表3.5）。

表3.5　謙譲表現

（初出ページ）、〈命令形の数〉を示す。

謙譲表現	上接語	第一部	第二部	上接語計	尊敬表現計
致ス	本動詞（33） 補助動詞（67）	7 2	11 0	18 2	20
戴ク	（77）	1	6	7	
参ル	本動詞（68） 補助動詞（106）	3 0	20 1	23 1	24
申ス	本動詞（68） 補助動詞（106）	4 0	2 2	6 2	8

注

3.1 扉の表記は「ベリッツ」であるが、本書では通行の「ベルリッツ」を用いる。

3.2 国際交流基金・財団法人日本国際教育協会（2002）

3.3 菊池金正（1906）『漢訳学校会話篇』誠之堂

3.4 原口裕（1970）および吉井量人（1977）による。

参考文献

国際交流基金・財団法人日本国際教育協会（2002）『日本語能力試験出題基準　改訂版』凡人社

関正昭・平高史也（1997）「ベルリッツの教授法」『NAFL選書13日本語教育史』アルク

田中章夫(1981)「近代語（明治）」森岡健二他編『講座日本語学3（現代文法との史的対照)』明治書院

田中章夫（2001）『近代日本語の文法と表現』明治書院

原口裕（1970）「「ノデ」の定着」『静岡女子大学研究紀要』4

諸星美智直（2007）「宏文学院教授菊池金正と会話型日本語教科書『漢訳学校会話篇』」『國學院雑誌』108-11

吉井量人（1977）「近代東京語因果関係表現の通時的考察：「から」と「ので」を中心として」『国語学』110

4 東亜高等予備学校『日本語のはじめ』(1932・1933)

書　　名　日本語のはじめ（第一・二・三篇）
　　　　　『日本語のはじめ』ことわり書一
発 行 者　東亜高等予備学校
読者対象　日本語を学ぶ留学生

第一篇　発行者　東亜高等予備学校
　　　　印刷者・印刷所　中安義郎・中安印刷所
　　　　発行年　昭和7（1932）年3月30日
　　　　判　型　縦21×横14cm
　　　　頁　数　26頁

第二篇　発行者　東亜高等予備学校（代表者　学監 三輪田輪三）
　　　　印刷者・印刷所　中安義郎・中安印刷所
　　　　発行年　昭和7（1932）年11月30日
　　　　判　型　縦21×横14cm
　　　　頁　数　72頁

第三篇　発行者　東亜高等予備学校（代表者　学監 三輪田輪三）
　　　　印刷者・印刷所　中安義郎・中安印刷所
　　　　発行年　昭和8（1933）年3月20日
　　　　判　型　縦21×横14cm
　　　　頁　数　57頁

ことわり書一　判型　縦19×横12cm
　　　　　　　頁数　10頁

所蔵　國學院大學図書館（第一・二・三篇、ことわり書一）
　　　東京外国語大学附属図書館（第一・二・三篇）
　　　東京都立中央図書館特別文庫室実藤文庫（第一篇）

（日本語のはじめ）目次

第一篇　第一篇〔発音・仮名〕（扉）（*1*）
　　　　第一篇の教授に関して　（*3- 8*）
　　　　目次　（*9-10*）
　　　　片仮名　（*11*）
　　　　子音　（*12*）
　　　　母音　（*13-14*）

　　　1　片仮名　五十音　*1*
　　　2　同　ツヅキ　*2*
　　　3　同　ツヅキ　*3*
　　　4　同　ツヅキ　*4*
　　　5　同　ツヅキ　*5*
　　　6　鼻音　*6*
　　　7　次清音・濁音　*7*
　　　8　同　ツヅキ　*8*
　　　9　促音　*9*
　　　10　長音　*10*
　　　　　第一

　　　　　　第二
　　　11　拗音　*12*
　　　12　拗長音　*14*
　　　13　転呼音　*15*
　　　　1　国音音　*15*
　　　　2　漢字音語　*16*
　　　14　平仮名　*17*
　　　　五十音
　　　15　同　つづき　*18*
　　　16　同　つづき　*19*
　　　17　発音特別練習　*20*
　　　18　同　つづき　*22*
　　　19　言フコト・聴クコト・書クコ
　　　　ト　*24*
　　　20　同　つづき　*25-26*
　　　奥付　（*27*）
　　　子音排列表
　　　音声統括表

第二篇　第二篇〔短い句・日用語〕（扉）（*1*）
　　　　第二篇の教授に関して　（*3-4*）
　　　　第二篇〔中扉〕（*5*）
　　　　〔図〕（*6*）
　　　　目次　（*7-10*）
　　　1　コレハ 机デス。ソレモ 机デス。　*1*
　　　2　「コレハアナタノ（鉛筆）デスカ。」「ハイ」「イイエ。」　*2*
　　　3　ソノ時計ハ 先生ノデス。　*3*
　　　4　あなたの 帽子は 何処に あります（か）。　*5*
　　　5　一つ 二つ 三つ。　*6*
　　　6　右に 左に 前に 後に。　*7*
　　　7　池ガ 有リマス。魚ガキマス。（ヲリマス）　*9*
　　　8　コノカタハ アノカタノ オ友達デスカ。　*11*
　　　9　どちらが 東ですか。　*12*
　　　10　一 二 三。　*13*
　　　11　茶ヲ飲ミマス。ゴハンヲ 食べマス。　*15*
　　　12　〔敬語体・平常語体〕
　　　　有ル ヰル ヲル 咲ク マス　*16*
　　　　無イ ヰナイ ヲラナイ 咲カナイ マセン
　　　13　〔敬語体・平常語体〕
　　　　学生だ。職工ではない。学生です。職工ではありません。　*18*
　　　14　三十五箇と 四十七箇とは 幾箇。　*20*
　　　15　子供ガ 二人。本ガ 二冊。　*22*
　　　16　一ダース 四十二銭。　*23*
　　　17　昨日は 雨が 降つた。今日は 降りますまい。　*25*

18 〔敬語体・平常語体〕
　　　今日は 好い天気でした。明日も 好い天気でせう。　*28*
19 風ハ吹クガ 雨ガ降ラナイカラ 行キマセウ。　*30*
20 「ドチラヘ イラッシャイマスカ。」「先生ノ オ宅ヘ マキリマス。」　*32*
21 父ト 弟ト 姉ト 叔父ノ内ノ従弟ト 私ト 五人。　*34*
22 ボートを 漕いでゐる。旗を 振つてをる。　*35*
23 ボート・レース。（舌まはし一）　*37*
24 明日ハ 日曜日デス。　*39*
25 今年八月ニ マキリマシタ。モウ ミツキニ ナリマス。　*41*
26 会ハ フツカノ 午前十時カラ 午後二時マデ。　*43*
27 〔敬語体・平常語体〕
　　　好い。好いです。嬉しくない。嬉しくありません。　*45*
28 赤い。青い。　*48*
29 甘い。辛い。　*50*
30 〔敬語体・平常語体〕
　　　正直です。正直な人です。　*51*
31 上げます。貸して上げます。　*53*
32 話サレマスカ。答ヘラレマスカ。　*56*
33 人ガ殺サレタ。賊ガツカマヘラレタ。　*58*
34 草花ヲ作リタイ。作ラセル。運動シタイ。運動サセル。　*59*
35 ショヂョコウカイ。（舌マハシ二）　*62*
36 お読みなさい。読んで御覧なさい。読んで見ます。　*63*
37 褒めれば。褒めると。悪く言ふから。　*65*
38 古ければ。古いと。新しいから。新しいので。　*66*
39 温泉はあるけれども。　*68*
40 天気は好いし。　絵画やら彫刻やら。　*70-72*
〔まとめ〕　（*73-78*）
奥付（*79*）

第三篇　第三篇〔主要な語にそはるもの・特に注意すべきもの〕（扉）　（*1*）
　　　第三篇の教授に関して　（*3-4*）
　　　第三篇〔中扉〕（*5*）
　　　〔図〕（*6*）
　　　目次　（*7-10*）
1　もう いつも 日本語ばかりで　*1*
2　一歩一歩、段々と進歩します　*3*
3　かなり こむでせう。乗客が大変多い様です　*5*
4　何しろ 久しく もめてゐた　*7*
5　オ邪魔デス。スミマセン。恐入リマス。　*9*
6　遣ラナイ 貰ハナイ　*11*
7　御住所ナド オ伺ヒ致シマス　*13*
8　行かなければなりません　*16*

（目次　つづき）

9　相変らずお忙しいでせう　*18*

10　試験がすみ次第 帰国するつもりです　*20*

11　学者ブル 紳士メカス　*22*

12　カシヤ　*24*

13　右と左に、五階七階の建物　*26*

14　明治のはじめに 都となつた　*27*

15　二十四五歳位で あれほど出来る　*29*

16　ナルベク費用ヲカケナイデ、出来ルダケ便利ニ　*32*

17　仕方ガナイ。已ムヲ得ナイ　*33*

18　トモカク 生活ノ安定ガ必要ダ　*35*

19　やっと 暮してゐる、つまり衣食の問題だ。　*36*

20　交際がうまいどころか 立派な外交家だ　*38*

21　さすがの我が選手 よもや 敗けることはあるまい　*40*

22　「モツトホシイ」コレガ 人ノ情デアル　*42*

23　ナマナカナコトナラ ムシロ シナイガイイ　*44*

24　出タラメナコトヲ 無暗ニ 書キ立テル　*45*

25　出放題　*47*

26　横着で づうづうしい。実に 不都合だ　*49*

27　だしぬけに「ばんざい」　*50*

28　あらうが なからうが　*52*

29　いつてらつしやい　*54*

30　病気つて さうぢやあない？　*55-57*

奥付

1　松本亀次郎

　日本語を母語としない人に対してどのような教育理念・態度で以て日本語を教えるのが効果的・効率的か、またいい教材とは何かということについての回答は現在の日本語教育界に於いてもさまざまあるところで、そのような意見の中から多種多様な日本語教科書が日本国内・海外で刊行されている。

　松本亀次郎（1866-1945）も自らの教育理念を多くの日本語教科書としてかたちにした。松本が編纂を手がけた（または関わった）日本語教科書は関（1997）によれば以下の9つである。（刊行年順）

　『言文対照・漢訳日本文典』（1904）

『振武学校語文教程』（1904）

『改訂日本語教科書』（1906）

『漢訳日本語会話教科書』（1914）

『漢訳日本口語文法教科書』（1919）

『日本文語文法課本』（1927）

『日本語読本』（1928）

『日本語のはじめ』（1932）

『訳解日本肯綮大全』（1934）

　ここでは國學院大學図書館蔵『日本語のはじめ』第一・二・三篇と「『日本語のはじめ』ことわり書一」（以下底本と呼ぶ）をとりあげる。

2　『日本語のはじめ』の内容

2.1　『日本語のはじめ』第一・二・三篇「教授に関して」

　底本の見返しには「山根藤七寄贈」とあり、各篇奥付の右下に「昭和八年十月十一日受入」印がある。山根藤七は國學院大學の院友（卒業生）であり、東亜高等予備学校の教員、そして教頭まで務めていた人物であるから、山根藤七は『日本語のはじめ』全3篇を第三篇の発行後に母校にまとめて寄贈したことがうかがえる。

　『日本語のはじめ』各篇の目次の前には「第〇篇の教授に関して」という、いわば「指導上の注意」に相当するものがある。筆者はこれまで明治期から戦前まで刊行された日本語教科書をさまざま見てきたが、『日本語のはじめ』の特色の一つとして「教師へ向けられたメッセージの多さ、詳しさ」があげられる。以下「教授に関して」全文を翻刻する。

　　第一篇の教授に関して

　　一、第一篇では発音と仮名とを教へるのであるが、すべて直観教授から導くといふ立場にあるので、最初から各課を通じて、その本旨を失はない様にしたい。

　　一、巻頭の諸図は教授上の参考までに掲げてあるので、はじめからこれを順次に説明してかゝる意味ではないのである。

　　一、本篇は二十課になつてゐるが、時に、既習の箇処の総練習などもすべきであるから、二十五六時間を要するものと考へる。最初において練習をおろそかにしない習慣をつけておきたいと思ふ。

一、まづ発音を教へて後にその文字を授けるのを大体の順序とし、あまり教科書に囚はれない様にして教へたい。

一、【直】とあるのは文字によらない直観的教授で、これが掲げてない課でも、連絡を取つて、常に反覆練習すべきものと考へて貰ひたい。

一、本篇で教授上最も苦しい点は、新しい語が可なり多く出て来ることである。これは発音練習をおもの目的として選んだものであるから、一々の単語をおぼえようといふ方面には、あまり力を用ひさせないでおきたいと思ふ。

一、濁音・拗音・促音等の名目は、暫く旧慣に従つておく。その扱ひ方や音声学上の基準のことについては、これを別冊「ことわりがき」に譲る。

一、各課について注意を要する事項を次に少々記しておく。括弧内にある数字は課を示したのである。

〔一〕・留学生の発音は概して長短音が明瞭でない。「メ」を「メー」「ネ」を「ネー」、「セカイ」を「セーカイ」と発音するがごときである。これははじめから注意を要することと思ふ。

・マ行の発音を教へる時、鼻音教授の基を作つておく。

・「アマ」「イマ」「ウマ」「エマ」等の類は、発音を練習して日本語の口調になれさせるために、その一班を示してあるものと見られたい。

・【直】の中で「林サン」とあるごとく、学生の名を毎時五名七名づつ記憶して行きたい。又、「ソレハ ミミデス」とあるごとき名詞は、手近のものから便宜に授けて行かうといふ一例である。

〔二〕〔一〕と共に、子音に混雑を来してゐないものを先づ授けるのである。

〔三〕此の課は子音に混雑を来してゐるものであるからその気持を以て教へたい。

〔四〕まづ五十音図に就て縦横に読みならはせ、殊に、キ チ シ・ム ヌ ル など紛れ易いものには、相当の注意を以て練習させておきたい。

（〔五〕項の記載なし。伊藤）

〔六〕此の課には m n ŋ 三様の音に注意が加へてある。

〔七〕唇・舌・後舌の三音に注意して、鼻音との関係を知らせ、また促音教授の基をも作つておく。

〔八〕練習用の単語は g ŋ の音に心をおいて選んであるが、此の「ガ」「カ」等の別は必ずしも厳正にしなくてよいとおもふ。

〔九〕・カ行音「ク」「キ」に終る字音語が、カ行音で始まる字音語に続いて熟語となつたものは、「ク」「キ」の仮名をそのまゝに書いて、促音によむことと定めた。

- 末尾の図は、「イッパ」「イッピ」「イッタ」「イッチ」等のごとく、促音がパ行・タ行・サ行・シャ行の音にのみかゝることを示したものである。

〔一〇〕　長短音の比較に注意する。

〔一一〕
〔一二〕
- 第一長音中「エエ」、「オオ」の類は、本来の国音語において稀に用ひられるのみである。

- 第二長音は、外来語の発音を記す時にのみ用ひることと定めておく。

- 拗音における長短音の区別は殊に注意を要する。

〔一三〕
- 国音語の転呼音は、こゝには、ハ行のものだけに止めておく。

- 漢字音語の転呼音については、本校の教授上には、大体、転呼的表音記法を許してゐるのであるから、従来慣用の記法は、こゝに参考のために、その数例を掲げてあるのだと考へて貰ひたい。

〔一四〕
- 発音は既に教へてあるから、此処では、寧ろ字の書き方を教へながら音の練習をしたいのである。

- 圏中に入れた「いろは」は必ずしもその順を読みおぼえさせたり、歌意を授けたりする意味ではない。これは、五十音図で、「そらよみ」にさせないため、発音練習の一種とする積りで参考にのせておいたのである。〔一四〕以下には発音のみの練習題が殆ど省いてあるが、片仮名の例に倣って適宜にこれを課せられたい。

- 練習の単語は既に片仮名の所で教へたものを利用してゐるのである。まづ、読方・発音の復習をして、後に、平仮名で書かせたい。

〔一七〕
〔一八〕
既に教へたる発音の特別練習で、拗音・鼻音・促音等をも含ませるのである。なるべく発音の図解によって反覆習熟させたいとおもふ。

〔一九〕
〔二〇〕
直観教授【直】の方面で反覆され、耳と口とをはたらかせた話し方に目をも加へて、第二篇に歩を進めるのである。

第二篇の教授に関して

一、会話・文法・書取・作文・講読等の初階といふ本旨は、全部を通じて変らないのである。

一、本篇は、短い句の基本型と、日常の用語とを主眼としてあるので、入門書としての目的は、ほぼ、ここに尽きてゐると考へてもよいのである。

一、各課の題目は、目次にだけ掲げておいた。これは、教授者の考によって、目次にあるごとき題目を、便宜記入させられても構はないと考へる。

一、平常語体と敬語体との対照は、はやく、第十二課からはじめて居るが、本篇では、主として、敬語体の会話式を採って、其の間におのづと、平常語体を含ませた程度に止めておく。

そして平常語体は、多く講読式の形を採って、これを第三篇に譲ることとした。

一、毎課の末に附けた細字の部分は、練習用となり、かたはら、其の課の要領を示してゐるのである。それゆゑ、一々に練習題を掲げることをやめて、教授者自在の運用を希望して居るのである。

一、促音・拗音の仮名は第一篇につゞいて、本篇の終までは、右傍に細書する式を採った。

一、漢字音の仮名遣には、大体において、表音的記法を採り、左傍に、歴史的の仮名をも附けておいた。

此の歴史的仮名遣は、実用を希望するのではないが、本校の教科書に表音的仮名遣を用ひるのは、暫く、入門書程度に止めておく考を以てしたのである。

一、本篇四十課の教授時数は少くとも、五十時間以上を要するものと考える。

第三篇の教授に関して

一、本篇の内容は、主として、副詞・接頭語・接尾語・助詞・助動詞の一部で、中にも、用法が紛はしくて、特に注意を要する様なものに、幾分、力を入れてある。要するに、第二篇の補足なり、附録なりである。

一、第二篇では、主として会話式を採つたが、本篇では、平常語体の文を加へて、段々、講読式に入つてゐる。

一、会話・文法・書取・作文・講読等の初階といふ本旨にかはりはないのであるが、右に述べた様な内容で、且つ、作文・講読といふ方面に、よほど歩を進めてゐるから、入門としては、やや、程度の高過ぎた点もないのではない。

一、練習題に関することは、第二篇と同様である。

一、第二篇から本篇にわたつて、耳と口との練習に関する課を少し加へておいたのは、此の方面の注意を絶えず喚起しておく一つの方便である。

一、最後に、略語体のものを二課ほど加へておいた。入門書には過ぎた嫌もあるが、普通に行はれて居るものを、少しばかり示しておかうといふ考からである。

一、促音・拗音の仮名は、本篇になつては、右の肩に短線を施す式──「笑つ'て」「いらつ'しや'い」等──を採用した。かく様式をかへて来たのは、今日現に行はれて居る、普通書き流しの記法にも、追々慣れさせていかねばならないからである。

しかし、一面においては、普通の書き流し式で、「さつき」が「皐月」とも「先刻」とも読まれ、「いしや」が「医者」とも「石屋」とも読まれるのは、理想的な記法でないといふ考をもつてゐるのである。

一、本篇は三十課になつてゐるが、その教授時数は、第三(ママ)篇とほぼ同じく、五十時間位を要するであらう。

各篇の奥付に記されていることを補足する。

第二篇・第三篇には「代表者　学監　三輪田輪三」とある。三輪田輪三は、現在、東京都千代田区九段北3丁目（JR市ヶ谷駅とJR飯田橋駅の間、法政大学の向かい）に伝統校として名高い三輪田学園中学校・高等学校[4.1]の創立者である三輪田眞佐子や、書家として著名な三輪田米山は三輪田輪三と同じ三輪田家の人である。この奥付によれば、東亜高等予備学校の所在地は東京市神田区中猿楽町8番地、現在の東京都千代田区神田神保町2丁目界隈である。この至近距離の内に三輪田家の人々が片や女学校の創立者として、片や留学生教育の名門校の学監として活躍していたという事実は、たとえ偶然であるとしてもたいへん興味深い。

印刷者（所）の所在地は、東京市京橋区（現・中央区）新栄町4丁目2番地（第一篇）、同区入船町3丁目9番地（第二・三篇）であった。また、全三篇とも非売品と刻されている。

2.2　『日本語のはじめ』ことわり書一

底本第二篇に「『日本語のはじめ』ことわり書一』」（以下、「ことわり書」）という、『日本語のはじめ』より一回り小さい縦19、横12cmの小冊子が別添されている。これは内容からみて『日本語のはじめ』第一篇について、教師向けに記されたものと判断してよいであろう。

明治から戦前にかけて刊行された中国人向け日本語教科書は東京都立中央図書館特別文庫室実藤文庫[4.2]をはじめとして数多く残っているが、『日本語のはじめ』のように教師に向けて記された指導上の留意点および今後の課題まで残っているものはきわめて稀少であろう。これは日本語教科書の歴史という観点からも、また日本語教授法の歴史という観点からも、貴重な資料の一つと言っても過言ではあるまい。

3　『日本語のはじめ』についての先行研究

『日本語のはじめ』を紹介したものに関（1997：142）、吉岡（2005）がある。

吉岡（2005）では、松本亀次郎が関わったとされる日本語教科書を対象とし、その内容から6つに分類したうえ、『日本語のはじめ』を文型的な学習項目を中心に構成された「語法型教材」に分類している。

さらに、『改訂日本語教科書』『日本語のはじめ』『訳解日語肯綮大全』の文法学習項目と『日本語能力試験出題基準』[4.3]にある文法学習項目を照合している。その結果、

学習項目の重なりが多かった順に『改訂日本語教科書』（86%）、『訳解日語肯綮大全』（82%）、『日本語のはじめ』（70%）ということを明らかにし、以下のように言及している。（吉岡2005：27）

『日本語のはじめ』は、東亜高等予備学校の誰が作成に携わったかは明らかではない。〔中略〕また、構成から見ても三編のうち1編を発音と仮名にさいており、音声器官を図で示したり丁寧な指導法をあげたりしているのも、他の二種の教材とは異なっている。こうしたことを考えると、本書は松本亀次郎が全く関与しなかったとは考えにくいが、作成作業の中核となったのは、単独もしくは複数の東亜高等予備学校の他の教師ではないかと考えられるのである。この『日本語のはじめ』が出版される前年の1931年に、東亜高等予備学校の創立者である松本亀次郎は、それまでの教頭から名誉教頭といういわば窓際に移されるという境遇にあったが、こうした状況と無関係ではないように思われる。

この点については今後さらなる調査を必要とされるところではあるが、筆者も吉岡の推察はほぼ合っているではないのではないかと推察する。松本亀次郎が『日本語のはじめ』の作成に全く関与しなかったとは考えにくいが、松本亀次郎が中心となって作成した『日本語教科書』、『訳解日語肯綮大全』の文法学習項目と『日本語のはじめ』の文法学習項目の一致度の差は刊行順から考えても不自然であるし、詳しくは5.にて紹介するが、先に参考として掲げた如く、「ことわり書」の表紙に「研究及び改善に資する<u>作者の私案</u>」、また「ことわり書」の本文第二項に「<u>作者の原案</u>」（いずれも下線は筆者）とあることから、各篇の作成にあたって日本語教師が分担し、その中にリーダーが存在したのではないかという可能性もある。

4　『日本語のはじめ』に見られる特色

　第二篇、第三篇には「教授に関して」の直後に挿絵がある（図4.1）。「教授に関して」は教師に向けて記されたものであるが、この挿絵は学習者に向けて描かれたものであることは間違いない。挿絵とともにあることばは少ないが、この教科書の全篇にわたってのねらいが端的にあらわされており、学習者へ向けたメッセージとなっている。

4 東亜高等予備学校『日本語のはじめ』(1932・1933) 57

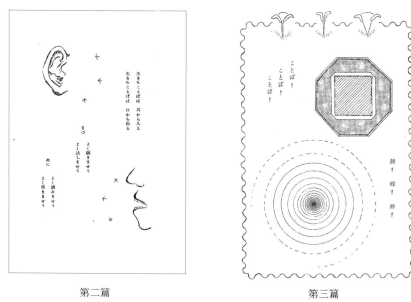

第二篇　　　　　　　　　第三篇
図4.1　『日本語のはじめ』挿絵

　この挿絵は第二篇・第三篇ともに簡潔にして明解なものである。第三篇の挿絵は一見意味不明な挿絵かと思いきや、上に三つ並んであるものは声帯・声門であろう。そのように見ると、上に3つ並べて描かれてある絵は声帯が開閉しているものということになる。また、下の実線から点線に変化しつつ広がっている絵は声をあらわしたものと推される。中央を口とすれば、音声を発し、声が徐々に距離が遠くなるほど小さくなるさまをあらわしていることになる。そのように捉えれば、その右に記されてある「声！　声！　声！」と合致し、合点がいく。

　この挿絵から言えることは、『日本語のはじめ』は本文や練習問題のみならず挿絵にまで余すところなく学習者へのメッセージを送っている、ひじょうに練られた日本語教科書であると言えるし、少なくとも東亜高等予備学校内に於いて音声学について熟知している者が『日本語のはじめ』の作成に関わっていた証拠であるとも言える。このように、挿絵一つとりあげても現在の日本語教科書と比べてもひじょうに示唆に富む日本語教科書である。

　『日本語のはじめ』は第一篇から第三篇まで、全篇にわたって、ある課は漢字とひらがな、ある課は漢字とカタカナというように書きわけられている。全篇合計すると、漢字とひらがなの課が43課、カタカナと漢字の課が47課であった(表4.1)。吉岡(2001)にもあるように、課ごとにバランスよくひらがなとカタカナを見せることにより、ひらがなとカタカナの効果的な記憶・定着をねらいとしたことがうかがえる。

表4.1 『日本語のはじめ』課ごとのひらがな カタカナ表記状況

第一篇			第二篇			第三篇					
課	ひらがな	カタカナ	課	ひらがな	カタカナ	課	ひらがな	カタカナ	課	ひらがな	カタカナ
1		○	1	○		1		○	31		○
2		○	2	○		2		○	32		○
3		○	3	○		3		○	33		○
4		○	4	○		4	○		34		○
5		○	5		○	5	○		35		○
6		○	6		○	6	○		36	○	
7		○	7		○	7		○	37	○	
8		○	8	○		8		○	38	○	
9		○	9	○		9	○		39	○	
10		○	10	○		10	○		40	○	
11		○	11		○	11		○			
12		○	12		○	12		○			
13		○	13	○		13	○				
14	○		14	○		14	○				
15	○		15	○		15		○			
16		○	16		○	16		○			
17	○		17		○	17	○				
18	○		18		○	18	○				
19	○		19	○		19		○			
20		○	20	○		20		○			
			21	○		21		○			
			22		○	22	○				
			23		○	23	○				
			24		○	24		○			
			25		○	25		○			
			26	○		26		○			
			27	○		27	○				
			28	○		28	○				
			29	○		29	○				
			30	○		30	○				

以下、『日本語のはじめ』に見られる特色のある記述をいくつか述べる。

第一篇第7課では清音・濁音・鼻音をとりあげているが、カ行鼻濁音の濁点が2点ではなく1点となっている(図4.2)。ここからも先に述べた挿絵との一貫性がうかがえる。

鼻 { マ ナ （ガ / ミ ニ ギ / ム ヌ グ / メ ネ ゲ / モ ノ ゴ）

図4.2 鼻

第一篇第11課の附記には以下の如く簡潔ながら明解な説明がある。

　　クヰ　クェ　等——外来語ノ音。
　　ファ　フィ　ヴァ　ヴィ——外来語の音デ、拗音デハナイ。

　第一篇第13課の二「漢字音語」では歴史的仮名遣いと現代仮名遣いを併記し、歴史的仮名遣いには「従来慣用ノ記法」、現代仮名遣いには「近来転化ノ記法」との説明がある。2.1に翻刻した「第一篇の教授に関して」には「漢字音語の転呼音については、本校の教授上には、大体、転呼的表音記法を許してゐるのであるから、従来慣用の記法は、こゝに参考のために、その数例を掲げてあるのだと考へて貰ひたい。」とある。以下、用例を一部掲げる。

　　タイサウ　体操　　ニフガク　入学　　ケフテイ　協定　　クワイシャ　会社
　　　（ソウ）　　　　　　　（ニュウ）　　　　　　（キョウ）　　　　　　（カイ）

　第一篇第14課はひらがなの導入課である。上段に五十音図、下段に枠に囲まれたいろは歌が載っているが、そのいろは歌について「第一篇の教授に関して」の該当箇所には「圏中に入れた「いろは」は必ずしもその順を読みおぼえさせたり、歌意を授けたりする意味ではない。これは、五十音図で、「そらよみ」にさせないため、発音練習の一種とする積りで参考にのせておいたのである。」とある。
　第二篇第23課および第35課は「舌まはし」という発音練習の課になっている。第一篇だけで音声への意識をとぎれさせることなく、定期的に音声に対する意識をさせる構成になっている。

　　　ボート・レース
　ボート　と　ボート。ボートの　レース。
　しろぼう　ほうか、あかぼう　ぶんか。
　あをぼう　こうか。
　　ギィギィ　ギッギッ。
　　シュウシュウ　シュッシュッ。
　コースを　すすむ、ボート　と　ボート。

　　　きょねんきょうりへ
　きょねん　きょうりへ　いったとき、

きょうとに　ちょっと　よってきた。
わたしのきょうりは　きゅうしゅうだ。
　とくきゅうれっしゃで　ちゅうごくの
　しものせきまで　きゅうこうだ。

　　類例

一、「タイム」は「とき」です。物価のあがるのは　「とうき」です。発声映画は
　　「ト　ーキー」です。

二、ゆきの　なかに　ゆうきを　鼓して　ゆそうに　従事してゐる　ゆうそうな
　　兵士のはたらき。

三、この　けっさんの　報告は、けいさんが　ちがってゐる。けんさんしてごらん。

四、世間　政見　世道　正道

五、努力　動力　能力　労力

六、故障　交渉　直接　曲折

七、盗賊　出没　掠奪　虐殺

　　一　ショヂョコウカイ

ショウセンノ　ショヂョコウカイ

ショショノ　ミナトデ　ショコクカラ

シュジュノ　ショウヒン　ツンデイク

ショヂョコウカイノ　ジョウキセン

キッサ　キュウケイ　カクコクノ

センキャク　カレコレ　ヒャクヨニン

カクジノ　コクゴデ　カイワスル

シュジュサマザマノ　カホト　カホ

ショショホウボウノ　クニコトバ

一、カネガ　フトコロニ　ハイルト、スグニ　ロウヒスル　ワルイ　ナラハシ。

二、ロウドウカイキュウノ　ヒトノ　カイチュウニハ、カネガ　ノコラナイ。

三、ドウスレバ　シゴトノ　ノウリツガ　アガルカ。ドウスレバ　シホンカト
　　ロウドウシャトノ　トウソウガ　ナクナルカ。

四、ミニクイ　スガタハ　ミニクク　ウツル。ヒトヲ　ノロヘバ　ノロハレル。

五、ヒャクマンノ　ザイサンニ　サンビャクマンノ　シャクザイ。シャクザイガ　ザイサンノ　サンバイ。

5　「ことわり書」

　「ことわり書」は、本文10ページの小冊子でやや長文ではあるが『日本語のはじめ』を扱った関（1997）、吉岡（2005）に於いてふれられておらず、また、東京都立中央図書館特別文庫室実藤文庫蔵『日本語のはじめ』（第一篇）にも添付されていないこともふまえ、全文を翻刻する。

　これまで挿絵や「舌まはし」についてとりあげたが、この「ことわり書」を読むと、いかに音声について詳細に検討されていたかが明白である。また、随所にどのような補助教材を使用して授業を行っていたかもうかがえる資料となっている。

　例えば、「仮名のカード」「絵画カード」「実物」とあるが、現在と若干呼び名の違いはあれど、現在の日本語教育で見られる風景と何ら変わりのないことがわかる。また、発音を図解した「掛図」を使用していたことも判明し、当時の東亜高等予備学校の教室の一端が再現できよう。「伊澤」はその内容から吃音矯正や芝山巌事件等で知られる伊澤修二を指すとみて間違いないであろう。

　2.でも述べたが、ここまで詳細に背景のわかる日本語教科書はまれである。ことに「ことわり書」については日本語教育史の貴重資料の一つではなかろうか。惜しむらくは第二篇・第三篇の「ことわり書」がないことである。

〔研究および改善に資する作者の私案〕
『日本語のはじめ』ことわりがき　一
　　　附　音声統括表
　　　　　子音排列表

　　「日本語のはじめ」ことわりがき
　一、この「ことわりがき」は本書の教授に就いて段々研究し改善していくた
　　　め、まづ、作者の原案として提供しておくのである。
　一、本書は留学生に対する日本語の入門書として編纂したもので、先づ耳と

口とに重きをおいて、目はその次といふのが本旨ではあるが、とかくに速成を期してゐる学生が多いのであるから、全く其の望に副はないわけにもいかないので、強ち理想的の教授法ばかりに拘泥されない点もあると考へておいて貰ひたい。

一、先づ耳と口からといふ立場からして、自然やさしい話し方から導いてはいるのであるが、本書の期する所は、発音・会話・文法・購読・書取・作文等のすべてにわたつて、いつとなくそのいと口を得る様にしたいといふのが目的である。

一、本書は三篇九十課に分けて、ほゞ一課を以て一時間の教程と考へてゐるが、これはもとより大体の予定に過ぎないので実際には百時間を幾分でることになるであらう。

一、毎課なるべく実物絵画等を利用したい。そこで第一篇の教授には アコ ガ パ シャ チョ 等のごとき仮名のカードを用意しておきたい。また物によつては絵画のカードをも用意しておきたい。

一、音韻のことは一般の音声学に皆説かれてあるので、茲にことわり書をする必要はないのであるが、本書では、理論にばかり拘泥されない点があるのと、普通に誤られ易いものを考へておく必要があると思ふ点から参考までに、以下その数項を列挙しておく。

一、言語の音声は単に発音器官の物理的方面のみで説明されるものではないといふ論もある。それは狭義的発音器官―喉頭・咽頭・口腔・舌・鼻腔等―に就いていふならば、首肯される点もあらうが、広義に考察すれば身体の全部が発音に関係して来るのである。そこで此の論は一元二元といふ様な哲学研究の範囲にまで関聯してゐる煩瑣な問題になるかと思ふ。ともあれ、実用といふ方面に於ては先づ普通に所謂発音器官物理的方面を観察するといふことが一番捷逕で有益であるといはなくてはなるまい。本書もまた此の点に基をおいてゐる。

一、発音の基準を知るために音声統括表と子音排列表とを作つて参考に供しておく。中にまだいかゞとおもふ点もあるが、これはお互の研究によつて追々に補正することとしたい。

一、子音排列表の中に視話文字を入れたのは、本校で学生に対して一度その式に基いた講習が行はれたことがあるから、参考にもと思つて附け加へたまでのものである。

一、別に発音図解を一部作つておく。此の図解を一々書中に挿入しなかつたのは、一面教科書としては煩瑣になつてその体を得ないと考へ、一面、学説未定のものもあると考へたからである。教授用としては、別に掛図を利用することにした。

一、視話法は左向の図形を基としてゐるが、今皆、右向の式を用ひたのは、今日普通の音声学の図式によつて統一をとる様にしたのである。

一、掛図を用ひるに就いても、図解は教授の実地に即し、黒板上にかきあらはして、大切な部分の異同などを彼此と変化しさせて見せる方が寧ろ有効であることをば忘れない様にしたい。

一、子音・母音　　これは父音・母音と命名し、熟音になつたものを却て子音と名づける人もある様であるが、もし名目を要するなら今暫く多数の習慣に従つて子音・母音の名を用ひておきたいと思ふ。

一、清音・濁音　　音声学の方からいふと、一般に清音は無声音、濁音は有声音と見るのである。さうすると、従来次清音（半濁音）といはれたものは純然たる清音であり、清音といはれた中にもア行音・ナ行音・マ行音・ヤ行音・ラ行音・ワ行音の如きは濁音に属するわけであるが、暫く旧来の名称を存して教授上には、清濁といふ名目解説などにさはらない様にしておきたい。

一、母音には鼻腔の共鳴をもつ鼻母音〜ア〜イ〜ウ〜エ〜オがあるが別にこれを掲げない。それは多く鼻子音に伴ふ場合で、自然に発音されて、教授上特別の注意を要しないからである。

一、拗音・長音・促音　　此の諸音に就いては色々の考へ方もあらうが、暫く左のごとくにきめておきたいと思ふ。

　　拗音　　これは二つの子音の緊密に熟合したものと見る。

　　　此の点からいへば、従来直音といはれてゐるものの中でも チ ツ ヂ ヅ は拗音で、従来拗音といはれてゐるものの中でも シャ シュ ショ ジャ ジュ ジョ は直音となる訳である。しかし、教授上に於ては此等の名目を理論的に説明する必要はないとおもふ。

　　長音　　普通に長音といふのは、長母音のことで、これは同一の母音が大概二倍の長さになつてゐるので、二重母音の一種とも見るべきである。

　　促音　　これは同一の子音が大概二倍の長さになつてゐるので、つまり、

一種の長子音なのである。そして、その前半は後半の予備となり、後半はある母音と合して熟音となるものが多いのである。

　　これを拗音と比較すれば、長短のちがひがあり、これを拗音ならぬ二重の子音と比較すれば、緊密の度がちがふのであるといへよう。

　　　但同一の子音でも鼻音のものは促音と名づけられてゐない。けれども、長子音といふ点から見ればこれも一種の促音といはれないことはなからうとおもふ。

一、伊澤式母音口形は吃音矯正等に用ひられるため、強く一方に偏した傾向がある。教授上の方便としてはよいであらうが、正しい発音の模範としては採り難い点があるとおもふ。「ウ」「イ」「ア」皆それである。

一、シャ　シュ　ショ　ʃʌ　ʃʊ　ʃ0　を Siʌ　Siʊ　SiO と混じて説く従来の習がある。これは、直音と拗音と二重母音との区別を明かにしない所から生じたものと思ふ。しかし教授上の方便といふならば、必ずしもやかましくいはないでもよからう。

　　視話法でも拗音は子音の重り移つたものとして、二重母音の転訛とは認めてゐない。しかも伊澤式に出た発音矯正に二重母音を用ひてゐるのは便法かと思はれる。

一、ジャ　ジュ　ジョ　ʒʌ　ʒʊ　ʒ0 と濁音になるのも右に準じて考へられる。

一、ワ　クヮ　グヮ を Wʌ　kмʌ　gwʌ を ʊʌ　kʊʌ　gʊʌ として説いたものも右に準じて考へられる。

　　以上三項はヤ行ワ行の子音が<u>イ</u>　<u>ウ</u>であるという旧来の考へ方、理論としては採りたくないといふのである。

　　表記の仮名によつて<u>キャ　キュ　キョ　クヮ</u>等の母音を<u>イャ　イョ　ウヮ</u>といふ様に説かうとする人もある。これも教授上の方便とするまでならばそれでもよからう。

一、「キ」「ニ」「ヒ」を拗音に近いものとする人もある。或は正当かも知れないが実用の方面からしてやはり直音に入れておく。

一、ヒャ　ヒュ　ヒョは Cʌ　Cʊ　C0 で無声子音であつて、二重子音の拗音 hçʌ hçʊ hço ではないと見る人がある様である。これは東京人の発音にのみ重きを置いたものと思ふから、今これを拗音として、・<u>ヒャ</u>　・<u>ヒュ</u>　・<u>ヒョ</u>即ち Çʌ　Çʊ　Ç0 と区別し、その存在を認めておくのである。

一、子音排列表に参考とした視話法の所謂閉は破裂音になるものと鼻音とで、

開は摩擦音である。

一、ピャ行 pç ビャ行 bj キャ行 kç ギャ行 gj チャ行 tʃ ヂャ行 dʒ 及び ク
ヮ行 kʍ グヮ行 gw に就いて考へられるごとく無声音 p k t をもつ拗音
はやはり無声音となるわけである。

一、ラ行音を破裂音と説く人もある。摩擦音の一種と説く人もあるのである
が、今暫く破裂音的流音として統括表に其の位置を定めておく。

一、次に第一篇各課の教授に用ひるべき発音図解の対照表を掲げておく。

【課】　　【図解】
一　　　　一・一五・七
二　　　　一〇・二
三　　　　三・四・五・八・一一
四　　　　巻頭五十音図
六　　　　七
七　　　　六・三・四・二
九　　　　六・三
(一二　　　一二・三・四・一四・八・一三・一一
一七　　　九・七
一八　　　四・一〇

5 泉虎一 『日暹会話便覧』(1938)

書　　名　日暹会話便覧 ไทย-ญี่ปุ่น คู่มือสนทนาภาษา
　　　　　（にっせんかい わ べんらん）

著　　者　泉 虎一
　　　　　（いずみとらかず）

読者対象　タイ海軍から派遣されたタイ人留学生

発 行 者　　暹羅海軍宿舎　　（代表者）海軍大佐　八代祐吉
印刷者・印刷所　　佐藤為吉・中外印刷株式会社
発 行 年　　昭和13（1938）年4月30日
判　　型　　縦18cm×横10cm
項　　数　　116頁（序・目次・奥付除く）
所　　蔵　　京都大学附属図書館、天理大学附属天理図書館、東京大学総合図書館
　　　　　　広島大学図書館中央図書館、京都西山短期大学図書館、京都府立図書館

1　はじめに

　タイ[5.1]人を対象とした日本語教育の歴史は長く、ことに戦前から戦中にかけての
タイ人を対象とした日本語教育史については、代表的なものに北村・ウォラウット
（1998：163-166）、松井・北村・ウォーラウット（1999：34-71）、河路（2006）・（2011）、
田中（2015）等がある。しかしこれらの研究で『日暹会話便覧』がとりあげられるこ
とはあっても、泉虎一については生没年・経歴について不明な点が多いとされていた。
2013年、筆者は泉を知る方々への聞き取り調査を実施し、泉についてさまざまなこ
とが明らかになった。『日暹会話便覧』はタイ海軍留学生を対象とした日本語教科書
である。タイ人向け日本語教科書の中でも軍人を対象としたものは、筆者の知るかぎ
りこの一本のみである。

（日暹会話便覧）目次（原本にない項目番号を仮に付した）

序（和文）八代祐吉
序（タイ語）八代祐吉 *ii*、泉虎一 *iii*
扉
目次 *i-v*
Fifty Japanese Alphabets

1. Kazoekata *1*
   A　Sū no yobikata　*1*
   B　shosū no yomikata　*2*
   C　bunsū no yomikata　*2*
   D　baisū no yomikata　*3*
   　　sūgaku fugō no yomikata　*3*
   E　sansiki no yomikata　*3*
   F　beki no yomikata　*3*
   G　kami, ita, kimono, maku, mōfu, kabe, garasu, to, mado, nado no usui hiratai mono no kazoekata　*4*
   　　gimon shi　*4*
   H　ningen no hoka no subete no dōbutsu no kazoekata　*4*
   　　gimon shi　*5*
   I　hito no kazoekata　*5*
   　　gimon shi　*6*
   J　ippanni marui mono, tamago, kudamono, bōshi, koppu nado no kazoekata　*6*
   　　gimon shi　*6*
   K　hi no kazoekata　*6*
   　　gimon shi　*8*
   L　hon no kazoekata　*8*
   　　gimonshi　*8*
   M　tsuki no kazoekata　*8*
   　　gimon shi　*9*
2. Iroiro no josūshi　*9*
3. Aisatsu no kotoba　*10*
4. Bunbōgu　*11*
   Bunbōgu ten nite　*12*
5. Zakka (zakkarui)　*13*
   Zakkaten nite　*15*
6. Inshoku ni kan shite　*16*
   A　shokki rui　*16*
   B　shokumotsu (tabemono)　*17*
   C　keiyōshi　*18*
   D　nomimono　*18*
   E　sake rui　*19*
   F　Dōshi　*19*
   Inshokuten nite　*19*
7. Yasai to kudamono　*20*
   yasai rui　*20*
   kudamono rui　*21*
   Yaoya nite　*21*
8. Sōshingu　*22*
   Sōshingu ni kansuru bun　*22*
9. Rihatsuten (tokoya) nite　*23*
10. Kagu　*23*
    Kagu ten nite　*24*
11. Kutsuya nite　*25*
    kutsu ni kansuru bun　*25*
12. Ryōgaeten nite　*25*
13. Denwa　*26*

Denwa no hanashikata　*27*
14. Yūbin　*27*
    Yūbin kyoku nite　*29*
15. Toki ni kansuru kotoba　*30*
    Tsuki no yobikata　*30*
    Shichiyō　*30*
    iroiro no toki wo shimesu kotoba　*31*
    Tokini kansuru bun　*32*
16. Gakkō　*34*
    Kyōshitsu nite　*39*
17. Kisetsu to tenko　*41*
    Shiki　*41*
    Tenki ni kansuru bun　*44*
    Haru　*45*
    Natsu　*46*
    Aki　*47*
    Huyu　*47*
18. Kishō to shūshin　*48*
    kishō　*50*
    Shūshin　*51*
19. Byōki to kenkoō　*51*
    A　Shintai no kakubu　*51*
    B　Kenkō to Byōki　*55*
    C　Isha　*58*
    D　Kusuri rui　*58*
    Isha ni kanshite　*60*
20. Ryokō　*62*
    Norimono　*62*
    shuppatsu　*64*
    Teisha jo nite　*65*
    Shinai densha nite　*67*
    Jidō sha ni noru toki　*68*
21. Kisen no ryokō　*69*
    Kisen kaisha nite　*71*
22. Kenbutsu (kanko)　*72*
    seifu　*72*
    kenbutsu ni kanshite　*74*
23. Michi wo tazuneru　*75*
    Michi wo tazuneru bun　*76*
24. Zeikan　*77*
    Zeikan nite　*78*
25. Hoteru to Geshuku　*79*
    Hoteru (ryokan) nite　*80*
    Geshiku　*81*
26. Tomodachi to au　*82*
27. Shinbun to zasshi　*83*
    Shinbun ni kansuru bun　*84*
28. Hōmon　*85*
29. Rikugun　*87*
    Kaikyū　*87*
    Hensei　*87*
    Heishu　*88*
    Rikugun ni kansuru Kotoba　*88*
    Gōrei no kotoba　*89*
    Rikugun ni kanshite　*90*
30. Kaigun　*91*

kaigun yōgo　*92*	34.　Simple Words Vocabulary　*104*
Kaigun kōshiki homon　*94*	Iroiro no daimeishi　*104*
31.　Seifu to Gikai　*97*	Iroiro no keiyōshi　*104*
Seifu to Gikai ni Kansuru Bun　*99*	(Iroirono dōshi)　*108*
32.　Kazoku to Shinseki　*101*	
Kazoku to Shinseki ni Kansuru Bun　*102*	奥付
33.　Bunpō-yōgo　*103*	Errata（タイ語、ローマ字）

2　『日暹会話便覧』とそのことば

2.1　構成

以下、底本には広島大学図書館中央図書館所蔵本を使用した[5.2]。

『日暹会話便覧』は、目次の後にあるアルファベットとカタカナの対照表（Fifty Japanese Alphabets）を除き、すべてタイ語とローマ字表記である。本文は場面別・トピック別に全34項目の構成となっている。

『日暹会話便覧』の特徴は、(29) Rikugun（陸軍）・(30) Kaigun（海軍）と項目が立てられてあるとおり、軍関係用語が網羅されているところである。語彙の中には階級（例：陸軍大将、一等兵）、編成（例：師団、大隊）、号令のことば（例：気をつけ、散れ、敬礼）、武器名（例：機関銃、高射砲）が列挙されている。会話文例の中にも訪問士官と海軍大佐という設定の会話例がある。

2.2　序

『日暹会話便覧』の序は二つあり、暹羅国海軍留学生首席指導官であった海軍大佐八代祐吉によるもの（日本語とそのタイ語訳）と『日暹会話便覧』著者泉虎一によるもの（タイ語、以下の日本語は伊藤による試訳）とがある。

　　　　序

　　余昭和十一年六月来朝セル暹羅国海軍留学生ノ指導ニ当リ日本語教育ニ対シ著シク困難ヲ感ジタルハ日暹辞典又ハ日暹会話参考書等ノ一書モ未ダ我国ニ於テ刊行サレオラザリシコト之ナリ。

　　余之ガ必要ヲ痛感シ泉虎一氏ヲ聘シ日本語教育ノ傍会話ノ参考トシテ学生ニ配布スベク本書ノ編纂ヲ委嘱セリ。

本書編纂ハ早急ノ聞ニ事ヲ運ビシヲ以テ尚杜撰ヲ免レズト雖モ如上ノ理由ニ依リ更ニ又日暹両国ノ親善、彼我ノ交通漸ク密ナラントスル今日稗益スル所極メテ大ナルモノアルヲ疑ハズ。

　偶々三井物産株式会社本書刊行ニ対シ満腔ノ賛意ヲ表シ日暹親善ノタメ広ク之ヲ江湖ニ配布スベク之ガ刊行ニ対シ多大ノ援助ヲ寄与セラレタリ。

昭和十二年十二月

暹羅国海軍留学生首席指導官

海軍大佐　八代祐吉

　この序を読むかぎり、『日暹会話便覧』が刊行された背景には、タイ海軍留学生が来日した際、日タイ辞典や参考書が日本国内に於いて全く刊行物がなかったことから約10か月という短期間で作られたことがわかる。

　　　　序

　当時、高低の声調があるタイ語を勉強していた私は、タイ語は非常に難しいと思った。しかし、タイの学習者に日本語を教える立場である今、日本語の方が難しいということがわかった。外国人の学習者にとって、日本語は大変難しい言語であり、特に一番難しいのは日本語の文法である。日本語の辞書、文法の参考書、そして会話の参考書、この3つは、タイ語の説明があるものはまだない。従って、私は学習者が早く日本語を理解できるようになるために、この簡単なマニュアルを作成することに努めた。

　本書は日本で初めて作られた。大変な作業であったが、無事に完成できた。ただ、私自身がまた満足に至っていないところ、また間違いなどもあると思われる。もし誤りなどを見つけたら、直してくださるようお願い申しあげる。そして、お許しを願う。本書が少しでもタイ人の学習者の役に立てれば、私は非常にうれしく思う。

　本書の刊行にあたり、八代祐吉海軍大佐、ポーン・デッダムロング海軍大尉、パラムーン・ラッタームポーン海軍大尉をはじめ、力を貸してくださった日本の先生および神戸の暹羅国海軍留学生宿舎にいらっしゃる暹羅国海軍に御礼申しあげる。

神武2698[5.3]年　仏暦2480年

2月11日

神戸暹羅国海軍留学生宿舎にて

泉虎一

　泉による序にもタイ語による日本語の辞書・文法書・会話書がなかったことが記されてある。

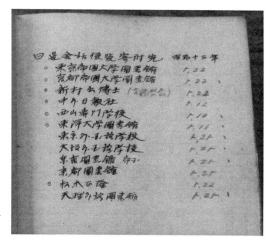

泉の手帳に記されてあった
寄付先一覧（昭和13年）

図5.1　『日暹会話便覧』の寄附先一覧

2.3　語彙

　『日暹会話便覧』ではどのような語彙がとりあげられているのか、またどのような語彙が現在の日本語教科書と重なっている（または異なっている）のか、収録の全語彙（会話の例文を除く）を対象として『日本語能力試験出題基準（改訂版）』（国際交流基金・財団法人日本国際教育協会2002）、『日本語教育のための基本語彙調査』（国立国語研究所1984）との照合を試みた（表5.1、5.2）。

　この結果より、いわゆる初級で学習する語彙はおおむね収載されているのがわかる。ただし、動詞は2級レベルが119語ともっとも多く、1級の語彙も多い。易から難へという観点は薄い。

表5.1　『日本語能力試験出題基準　改訂版』での級

「除外」は文字が不鮮明で判読しかねたもの。

品詞		合計		4級	3級	2級	1級	級外	除外
動詞		315		78	75	119	21	18	4
形容詞		124		54	19	17	5	9	20
内訳	い形容詞	104	81	46	14	8	4	9	
	な形容詞		23	8	5	9	1	0	
合計		439		132	94	136	26	27	24

表5.2 『日本語教育のための基本語彙調査』での一致数率

『日暹会話便覧』/『日本語教育のための基本語彙調査』(%)

品詞	基本六千語	基本二千語
動詞	277 / 311（89.1）	230 / 277（83.0）
形容詞	95 / 104（91.3）	87 / 95（91.6）

　級外の語彙について、以下に列挙した（表5.3）。難しい語彙ととらえられるものもあるが、「降参する」「降伏する」「包囲する」等、『日暹会話便覧』らしい語彙も含まれており、一概に難しい語彙ととらえかねるものもある。

表5.3　級外語彙

動詞	形容詞
aegu　あえぐ aku　あく（飽く・厭く・倦く、疲れるの意） ageru　あげる(吐く意) ikaru　怒る inanaku　嘶く kakeru　かける(タイ語：事物をおおいかぶせる、隠す意) kakeru　架ける(橋を-) kusuguru　くすぐる kosan-suru　降参する kofuku-suru　降伏する shirasu　知らす suku　好く susuru　すする fuku　タイ語:叱るの意味 tsukeru　つける(シャツを-) temaneki-suru　手招きする hoi-suru　包囲する matataki-suru　瞬きする	ajinai　味ない ara-ara-shii　荒々しい kanbashii　芳しい komai　こまい sui　酸い tattoi　尊い maruku-nai　円くない・丸くない mizukusai　水くさい mutsukashii　むつかしい

3　泉虎一と『暹日辞典』

3.1　日暹寺派遣暹羅留学生

　泉虎一は1899（明治32）年愛知県にて生まれ、1987（昭和62）年京都府にて没した。泉についての記述が残っている資料として、外務省外交資料館蔵「外務省記録」[5.4]「在外本邦留学生及研究員関係雑件　第一巻11. 暹国（1）日暹寺派遣暹羅留学生ニ関スル

件」がある。以下、1931（昭和6）年8月12日付で在タイ日本大使館より外務省に宛てられた公電の全文を掲げる。

　　　公第八六号
　　　　昭和六年八月十二日
　　　　　　　　　　　　　　　　　　　在暹　臨時代理公使高津富雄
　　外務大臣男爵幣原喜重郎殿
　　　　　　日暹寺派遣暹羅留学生ニ関スル件
　　　名古屋日暹寺ニ於テハ暹羅ニ於ケル仏教事情研究ノ為メ同寺留学生トシテ泉虎
　一ヲ当国ニ派遣スヘキ趣ニテ日暹寺執事山田変鳳ヨリ昭和四年十月十七日附書翰
　ヲ以テ当館宛泉ヘノ便宜供与方申越シノ次第有之泉留学生ニハ同年来暹爾来当地
　ニ私費留学致シ居ル処最近泉ハ学資ニ窮シ痛ク困惑シ居リ且ツ健康ヲ害シタル為
　メ帰国ノ希望ナルモ旅費モ無キ事情ナルニ就テハ此ノ際日暹寺ヨリ幾分ノ学資
　（過去ニ遡及シテ）並ニ帰国旅費ノ支給ヲ受ケ度ク、（実ハ本邦出発前日暹寺ヨリ
　適当ノ留学費ヲ支給スヘキ旨ノ言質ヲ受ケ居ルモ来暹以来何等ノ給費ヲモ受ケ
　ス）旁前述ノ事情並ニ給費ニ関シ好意的考量ヲ払ハレ度キ旨日暹寺ニ申入レ方泉
　ヨリ当館ニ願出タルニ就キ上記ノ次第日暹寺ヘ転示方可然御取計相煩ハシ度此段
　申進ス

　　この公電によれば、泉は名古屋にある日暹寺（現在、日泰寺）より仏教事情研究の
ため留学生としてタイに渡ったものの、支給される予定であった学費が全く支給され
ず私費で留学生活をしていたが学費も尽き、さらに体調を崩したため帰国を希望して
いることがわかる。また、この公電の上部には手書きで「（　　）内削除の上日暹寺ニ
転送ノコト」と記されてある。この括弧は上記二つ目の括弧書きのところである。泉
と日暹寺、外務省の詳細な関係は明らかではないが、興味深い。
　　泉は後年、タイへはすべて私費で行き、一銭ももらわなかったと家族に語っている。

3.2　暹羅国海軍留学生日本語教官

　タイから帰国後、京都府長岡京市にある安楽院の住職となった泉は、タイ語に精通
している日本人として日タイ関係事業に携わり、神戸にあった暹羅国海軍留学生宿舎
に赴任、日本語教官として日本語を教えていた。聞き取り調査によると、泉は京都か
ら神戸の宿舎まで通っていたという。なぜ、タイ海軍からの留学生に日本語を教える

必要があったのか。日本タイ協会ホームページに以下の記述がある。[5.5]（下線は伊藤による、なお、本書p.100も参照）

　　タイの海軍と日本との関係は、1905（明治38）年に11名の留学生を受け入れたことに始まる。この11人は、これまでデンマーク人に依存していたタイ国海軍が自前で将校を養成するため、「国外に官費留学させた1期生であった。彼らは東京で攻玉社に2年半学び、海軍兵学校への進学を希望したが、何かの手違いでかなわなかった。
　　結局、タイ政府の注文した4隻の水雷艇と2隻の駆逐艦を建造中の、神戸の川崎造船で技師見習いとして研修を受け、最後に軍艦津軽で日本の海軍機関少尉候補生とともに3ヶ月間の実務教習教程を終了することが出来た」のである。

　タイが日本に軍艦等の建造を依頼し、加えてその軍艦をタイ海軍の将校が操舵し、タイに帰国する人材を育成しなければならない事情があった。京都西山短期大学『西山学報』10（1939:92-94）の「新刊紹介」にも泉の日本語教官着任の記事がある。[5.6]

　　総本山光明寺塔頭安楽院住職泉学洲氏は過去数年来両国〔日本とシャム〕間の為に見えざる努力を傾けられたが、帝国海軍が昨年シヤム国海軍潜水艦乗員指導の任を委嘱せらるゝや、シヤム国語を解しシヤム字を読みシヤム事情に通ずる、タツタ二人の日本人中の一人〔もう一人は誰を指すか不明〕として彼等シヤム海軍々人の日本語教官として神戸に赴任専ら彼等の指導に当られた。

　タイの日本語教育史に於いて泉虎一の名前が出てくることはほぼない。しかし、「泉虎一教官」は、タイ人に日本語を教えた日本語教師のパイオニアといっても過言ではないであろう。日本語教官として最大の功績は何と言ってもタイ海軍留学生向け日本語教科書『日暹会話便覧』を著したことであるが、実際にどのような方法で教えていたのかは資料がないため不明である。ただし一つ、泉が生前使用していた手帳の1ページに日本語教官時代のものと推される記述がある（図5.2）。
　「コノ言葉十個ヲヨクオボエナサイ」とあるところから、泉がタイ海軍留学生を相手に日本語を教えているときに頻繁に使用したことばであったのだろう。タイに留学し、後述する『日暹会話便覧』を著すことのできるほどタイ語を知る泉であれば、す

べてタイ語で教えることも可能であったはずであるが、ある程度は日本語で日本語を教える方針があったことがうかがえる。

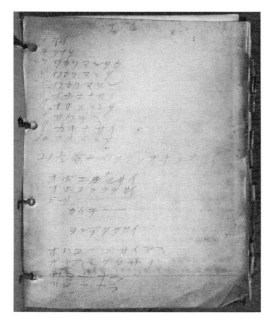

1　私
2　アナタ
3　ワカリマシタカ
4　ワカリマシタ
5　ワカリマセン
6　オボエナサイ
7　オボエマシタ
8　サウデス
9　カキナサイ
10　カキマシタ

コノ言葉十個ヲヨクオボエナサイ
　　オボエナサイ
　　オボエテクダサイ
　　ドーゾ──
　　　　カイテ──
　　　　ヨンデ──
　　オハヨーゴザイマス
　　オヤスミクダサイ
　　サヨーナラ
　　サヨーナラ

図5.2　泉が使用していた手帳の1ページ

3.3　『日暹字彙稿』から『暹日辞典』へ

先に紹介した『西山学報』の記事の最後にタイ日辞典の原稿が完成した話がある。

　　尚同師は最近日暹文化方面に全力を尽すべく暹日辞典、日本語文法シヤム語版の出版を企図され暹日辞典三千頁の原稿は既に完成した由である。

しかし、泉が作った暹日辞典はどこにもない。日本語文法シヤム語版も残っていない。ところが、泉はタイ日辞典を作成していたことが聞き取り調査で判明した。上巻576ページ、下巻584ページ、1000ページを超える大作である。

聞き取り調査によると、『西山学報』の記述は合っており、泉が著した暹日辞典の原稿は戦火で焼失してしまったということであった。泉は戦火による原稿焼失後、再び暹日辞典の執筆にとりかかったのであろう。『西山学報』にある3000ページには及

表紙　　　　　　　　　内表紙。「日暹字彙稿」とある

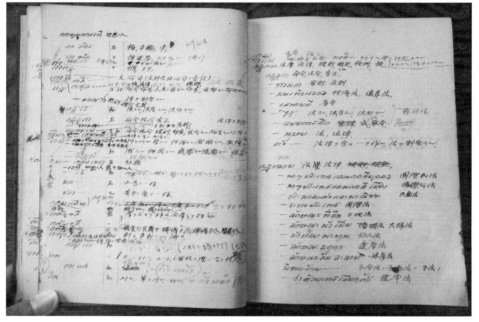

朱書に加え青字で細かく追記されている。　　　　　　　　　（撮影筆者）

図5.3　『暹日辞典』上・下

ばないが、1160ページが残っている（図5.3）。『西山学報』の発行年は1939年であるから、戦火による原稿焼失がなければ、泉の原稿が日本初のタイ日辞典となったはずである。まさに幻のタイ日辞典である。ちなみに、河路（2003）によると、「国際学友会では、タイ人学生の日本語学習の便を図るため1941年11月に「日泰辞典」の編纂に着手、大西雅雄を中心とする辞典編纂部を編成して語彙調査を開始した」（p.308(134)）とある。また、同論に「1944年末に印刷所に入れ校正を済ませたところで印刷所に戦火が及び焼失したが、校正刷りをもとに1958年、奥野金三郎著・国際学友会監修『タイ日大辞典』（刀江書院）が刊行された」（p.312(138)）とある。

　タイ語に関する文献がなかった当時、この分量の辞典をたった一人で再び執筆しよ

うと思った動機は何だったのであろうか。泉のタイ留学、そして神戸での日本語教官の経験がその動機の要因となっていたことは間違いないであろう。泉もまた、「タイ人学生の日本語学習の便を図るため」に『暹日辞典』を執筆していたとすれば、この功績はタイ日本語教育史の一つとしてぜひ残しておくべき事柄である。

　泉は生前、晩ご飯を食べると書斎へこもる毎日であったという。「日暹字彙稿」という企画段階から『暹日辞典』へ、長い年月を費やしたことは疑う余地がない。しかし、家族の前でタイ語を話したりタイ語を書いたりするところはいっさい見せたことがなかったという。

3.4　拾遺

　最後に、聞き取り調査で明らかになったことを二三記したい。

　泉のことばへの思いは、タイ語だけではなかった。例えば、導師の読経を目を閉じて聞いており、書を読んだ人はこのように読んだ、あの人はこのことばの意味を理解していないであろうから伝えておきなさい、ということがあった。

　長いお経でもすべて記憶しており、誰かに頼まれるとこころよくひきうけ、何も見ることなく空で書いていた。80歳過ぎのこと、人から頼まれてお経を空で書いた時、一字抜けたことに後から気がついたことがあった。それ以降、もう人に頼まれても書くことをひきうけることはなかった。

　晩年、泉は入院中にドリアンが食べたいと所望したという。思わず、河路（2007）にある、タイ日本語教育史に於ける第一人者、鈴木忍のエピソード[5.7]が浮かんだ。泉がタイやタイ語、タイ人に対してどのような思いを抱いていたのか今となっては知るよしもないが、タイ人に日本語を教えた両者が晩年に同じことを口にしたのは、たんなる偶然であろうか。

　泉を知る人が家族に「泉さんは埋もれた学者や」と形容したことがあったという。僧侶として、日本語教官として、幻のタイ日辞典の執筆者として、日本語にせよタイ語にせよ、ことばに対峙する姿勢・残した業績はまさに学者であった。

注

5.1 「シャム（暹羅）」は1939年6月24日より「タイ（泰）」に国名を変更しているが、本書では国名変更前についても引用部を除き「タイ」とする。

5.2 同図書館蔵『日暹会話便覧』書誌情報（http://opac.lib.hiroshima-u.ac.jp/webopac/ BB01487810）で著者名の読みに「イズミ、トライチ」とあるが、序にタイ語で**อิสุมิ โทราคาสุ**とあるので、正しくは「イズミトラカズ」であろう。

5.3 『日暹会話便覧』が刊行されたのは西暦1937年，また仏暦2480年と併記されていることから、正しくは神武2597年であろう。

5.4 アジア歴史資料センター JACAR Ref.B04011307000「在外本邦留学生及研究員関係雑件 第一巻　I-1-2-0-001」（外務省外交史料館）。

5.5 http://nihon-thaikyokai.go-web.jp/tabid/86/language/ja-JP/Default.aspx および http://nihon-thaikyokai.go-web.jp/tabid/87/language/ja-JP/Default.aspx （2016年5月3日アクセス）

5.6 CiNii（http://ci.nii.ac.jp/naid/110004640746）より閲覧できる。

5.7 河路(2007：20)より引用する。「同じく鈴木忍の下で日本語教育に従事した経験を持つ豊田豊子氏によると、鈴木忍の晩年（1979年）に見舞いに訪れた際、「何か欲しいものは」という豊田氏の問いに鈴木忍は「南の国の果物が食べたい」と答えたそうである。「鈴木先生は、一生タイが忘れられなかったのだろう」と豊田氏は話された。」

参考文献

河路由佳（2003）「国際学友会の成立と在日タイ人留学生：1932-1945の日タイ関係とその日本における留学生教育への反映」『一橋論叢』129-3

河路由佳（2006）『非漢字圏留学生のための日本語学校の誕生：戦時体制下の国際学友会における日本語教育の展開』港の人

河路（2007）「鈴木忍とタイ：戦時下のバンコク日本語学校での仕事を中心に」『アジアにおける日本語教育：「外国語としての日本語」修士課程設立1周年セミナー論文集』チュラーロンコーン大学文学部東洋言語学科日本語講座

河路由佳（2011）『日本語教育と戦争：「国際文化事業」の理想と変容』新曜社

北村武士・ウォラウット、チラソンバット(1998)「昭和10年代タイ国日本語教育史年表」『国際交流基金バンコク日本語センター紀要』1

国際交流基金・財団法人日本国際教育協会(2002)『日本語能力試験出題基準　改訂版』凡人社

国立国語研究所(1984)『(国立国語研究所報告78)日本語教育のための基本語彙調査』秀英出版

暹羅協会（1938）『暹羅協会会報』12

田中寛（2015）『戦時期における日本語・日本語教育論の諸相：日本言語文化政策論序説』ひつじ書房

松井嘉和・北村武士・ウォーラウット・チラソンバット（1999）『タイにおける日本語教育：その基盤と生成と発展』錦正社

6 モンコール・オンシクール『日泰会話』(1941)

書　　名　日泰会話

著　　者　モンコール・オンシクール（มงคล องค์ศรีกุล）

読者対象　タイ語を解する人

発行者・発行所　　日泰学院協会（代表者　大屋源幸）

印刷者・印刷所　　森下笑吉・単式印刷株式会社

発　行　年　昭和16（1941）年4月5日発行

判　　型　縦21×横14cm

頁　　数　59頁

所　　蔵　国立国会図書館、日本大学総合学術情報センター
　　　　　一橋大学附属図書館、立教大学図書館
　　　　　早稲田大学中央図書館、三康文化研究所附属三康図書館

1　構成

　本書に内容一覧に相当する目次がないため、別掲のように日本語目次を作成した。

　前半（左段、「文字と発音」から「挨拶語」まで）は語彙の紹介が主である。この日本語訳は田中（2015）より引用したものである。

　後半（右段、「船ニ乗ル」から「冬」まで）は、課として日本語で表記されてあるものを列挙した。

　目次全体を見ると、日常生活を送るにあたってさしあたり困らないレベル、いわゆるサバイバルレベル程度の範囲を扱っていることがわかる。

　後半は場面別の構成で、各課の冒頭に10語前後の語彙の紹介があり、そのあとに会話例がある。現在、会話例文はAさんとBさん（誰と誰）というように設定されているものであるが、『日泰会話』には誰という指示がない。会話の内容から、タイ人の男子学生が通して設定されていることがわかる。例えば、「郵便局」のところでタイへ手紙を送る例文があること、「電話」のところでウタイさんから山田さんへ電話

（日泰会話）目次

日本の文字　1-2
単独子音51音　3-4
二重子音　5
単独音と二重音の間の子音　6
数　7-8
日、月、年　9-10
時　10-12
地理　12
天文学　13
身体　14-15
市場　16-17
人間　18
対義語　19-20
日用生活品　20-21
動物4種類　21-22
短い語　23
代名詞　24
物の指示代名詞（これそれあれどれ）　25
場所の指示詞（ここそこあそこどこ）　25-26
方向の指示詞（こっちそっちあっちどっち）　26-27

数の数え方　27
助数詞　28
我々〔＝タイ人〕が知るべき日本人の礼儀作法　29-30
船ニ乗ル〔フネ ノ〕　31-32
税関〔ゼイカン〕　33-34
旅館〔リョクワン〕　34-35
汽車〔キシヤ〕　36-37
郵便局〔イウビンキヨク〕　38-39
貸間〔カシマ〕　40-41
円タク〔エン〕　41
道ヲ尋ネル〔ミチ タツ〕　42
訪問〔ハウモン〕　43-44
電話〔デンワ〕　45-46
路面電車ニ乗ル〔デンシヤ ノ〕　46-47
買物〔カイモノ〕　48-49
食　堂ト喫茶店〔ショクダウ キツ サ テン〕　50-51
理髪店〔リ ハツテン〕　51
学校〔ガクカウ〕　52-53
四季〔シ キ〕　54-59
奥付

をする例文があること、「冬」のところで雪を見たことがないので雪の降るのを見たいという例文があること等である。

2　著者について

　著者モンコール・オンシクール[6.1]（มงคล องค์ศรีกูล）の生没年や出身地、日本語教育に関する経歴等については現在のところ不明である。『日泰会話』からわかることは表紙にタイ語表記で**นายมงคล องค์ศรีกูล**、および奥付に「モンコール・オンシクール」とあるのみで、男性であること以外は不明である。管見のかぎり、モンコール・オンシクールによる著書は本稿で取りあげた『日泰会話』のみで他に著書はない。モンコ

ール・オンシクールがどのような経緯で『日泰会話』を著すことになったのか、どのような経緯で日泰学院と関わりを持つようになったのか等、今後の課題としたい。

3　日泰学院について

　日泰学院とはどのような団体・施設であったのか。日泰学院についての記述がある記事および先行研究を3つとりあげる。
　まず、『日本タイ協会会報』34（1943）に「財団法人日泰学院開校」の記事がある。やや長いが全文引用する。

　　この程新たに大東亜省の外郭団体となった財団法人（認可申請中）日泰学院の手により、東京市世田谷区に百六十名収容の日泰学院が建設され、六月末泰国学生と大東亜省の意向を対してわが国の勝れた学生若干名を収容し開院される運びとなった。同学院では先づ泰国留学生のために全寮生の学園の建設を企図し、昨年〔1942（昭和17）年〕四月世田谷区北沢二丁目に敷地約四千坪を入手、総工費四十万円をもって百六十名収容の本館及び寮（木筋二階建、延八百坪）の建築に着手、六月末までには完成をみる筈だが、教室は二部屋で、図書室、衛生室、食堂、娯楽室、浴場のほか庭園、庭球コート、タクロウ（泰国の運動）場など完備して居り、入院者はすべてベット付の個室が与えられる。初代日泰学院長林銑十郎大将のあとを受けて、院長には嘗て泰国に特派大使たりし国際学友会専務理事の矢田部保吉氏が就任、顧問並に学監としては金鶏学院の安岡正篤氏が当ることとなり、理事長は白上祐吉氏と決定した。

　次に、井阪三男（1944）「日泰学院・興亜同学院紹介（留学生教育に関する私見を交えて）」がある。日泰学院主事を務めていた井阪による日泰学院の紹介記事である。以下、要約引用し（〔　〕は筆者による補足）、年月順に列挙する。

　　　1940（昭和15）年3月　　九段偕行社に於いて日泰学院創立世話人総会を開催。
　　　　　　　　　　　　9月　　神田一ツ橋如水会館に於いて創立総会を開催。
　　　1941（昭和16）年4月　　〔モンコール・オンシクール『日泰会話』出来。〕
　　　　　　　　　　　　5月　　当時のタイ国首相ルアン・ピブン・ソングラム[6.2]、名誉院

長就任を受諾。

1942(昭和17)年1月　東京市世田谷区上北沢に5,000坪の土地を購入、学院本館建築工事着手。

1943(昭和18)年7月　在バンコク日本大使館、日泰文化会館、日泰学院間で留学生の招致方法に関する取り決め。募集選考に関しては一切を日泰文化会館に依頼。その第1回留学生が日泰学院に収容中。

9月　大東亜省より財団法人認可をうけ、同省の直接外郭団体となる。

12月　学院本館全工程竣成、落成式を挙行。京王電車上北沢駅下車3分、木造、学生室約160室、講堂その他完備。

　井阪（1944）には、日泰学院に於ける留学生と日本語教育についての記述がある。先に引用した「第1回留学生」についての記述について項目を設け、要約引用する。

来日年月：本年〔1944（昭和19）年〕2月下旬盤谷（バンコク）を出発、3月下旬に東京に到着。
人数：十二名。
年齢：すべて二十歳前後。
志望：医学あり、工学あり、薬学あり、いろいろであるが、軍人志望はあまりない。
日本語教育の体制：大東亜省の方針に従つて、大東亜省・国際学友会・日泰文化会館・本学院の四者協議の上、泰国留日学生は、日本語教授を主とした一般普通教育は国際学友会に通学して、これを受け、本学院に於いては、これの補習並に実際訓練、行住坐臥の指導監督及び学院独自の教育指導を受ける
日本語学習歴：全員盤谷で三ケ月間日本語の予備教育を受けてきている。
現状の日本語力：大抵の日常会話には事欠かない。

　この中で井阪はタイからの学生に加え、インドからの留学生についても紹介している。日泰学院ではタイからの留学生のみならずインドからの留学生も受けいれ、附設された興亜同学院に於いて生活指導や日本語教育を行っていたことがわかる。この記事の最後の二文に、副題にある留学生教育に関する私見がある。

速成教育は、学生の熱心に助けられる所甚だ大きいものがあるといはなければならない。留学生教育は、寮から学校まで一団体に於いて一元的に取扱ふのを最も理想とする。

最後に、河路（2003：137）にも日泰学院について以下の記述がある。

タイ人留学生のための全寮制の学園として計画された日泰学院は1943年12月に160名収容の本館が完成し、南方特別留学生の宿泊施設として使われたが、教育施設としての機能が完成しないうちに終戦を迎えた。

日泰学院についての記事等を3つ取りあげた。井阪（1944）の冒頭に、

ほとんど三十代ばかりの職員が、がつちりと組んでゐる澎渕たる団体である。早朝の起床・点呼から夜の消灯・就寝まで、中堅職員はすべて学生と起居・苦楽を共にしてゐる。

また、タイ人ではなくインドからの留学生についての箇所ではあるが、

日本語教育は、井阪・親井・磯三教授の泊り込み指導によつて、夜明から夜中まで、文字通り二十四時間教育である。今年四月来朝当時、国民学校三年程度にしか過ぎなかつたものを、ともかくも今年末までに中学三年程度まで引上げようといふのであるから、決して生やさしい事業ではないのである。

とあることから、どのような団体・施設であったのかがおぼろげながらさまざま想像できる。

4　『日泰会話』のことば

前述のとおり『日泰会話』は1941（昭和16）年に発行されたものであるが、明治期から戦前にかけて使用頻度の変化した、あるいは新しく加わった表現（可能表現、当為表現、打消推量・打消意志の助動詞「マイ」、原因・理由の接続助詞「ノデ」「カフ」）について確認する。また田中（2015）にある『日泰会話』についての評を具体的に吟味する。

4.1　日本語概説、五十音図

目次の後には簡単な日本語についての説明がタイ語で記されてある。日本語には漢字と仮名があること、仮名には片仮名と平仮名があること、片仮名は漢字の一部が使われていること、平仮名は漢字を簡素化したものであることが記されてある。また、「ツ」と「ゴ」について取りたてて説明してある。タイ人にとって「シ」と「チ」、「ス」と「ツ」の弁別は一つの難所であることをふまえてのことであろう。

その次には片仮名・平仮名・アルファベット・タイ語を併記した五十音図が掲げられてある（図6.1）。一般的な五十音図は縦書きで一番右の列があ行、その左の列がか行と続いていくが、『日泰会話』の五十音図はそれとは異なる。あ行が一番左にあり、その右にか行、さ行と続く。つまり、左から右にあかさたなはまやらわの順に並んでいる。また、あ行からんまでの各行の上にタイ数字で1から11まで通し番号がふられてあり、あ列からお列までの各列の上にタイ語で列(1)から列(5)まで通し番号がふられてある。あくまで推測の域を出ないが、例えば「あ」は1列目の1、「ぬ」は3列目の3というような覚え方・説明が可能になる。タイ人日本語学習者が少しでも早くひらがな・カタカナを覚えることのできるよう考案したのだろう。これは管見のかぎりタイ人日本語教科書に於いて『日泰会話』のみに見られる特徴である。

บทสนทนาภาษาญี่ปุ่น–ไทย

พยัญชนะเสียงเดี่ยว ๕๐ ตัว –

๑	๒	๓	๔	๕	๖	๗	๘	๙	๑๐	๑๑	
ア	カ	サ	タ	ナ	ハ	マ	ヤ	ラ	ワ	ン	
あ	か	さ	た	な	は	ま	や	ら	わ	ん	แถว
a	ka	sa	ta	na	ha	ma	ya	ra	wa	ng	(๑)
อา	คา	ซา	ตา	นา	ฮา	มา	ยา	รา	วา	อึง	
イ	キ	シ	チ	ニ	ヒ	ミ	イ	リ	ヰ		
い	き	し	ち	に	ひ	み	い	り	ゐ		แถว
i	ki	si	chi	ni	hi	mi	i	ri	i		(๒)
อี	คี	ซี	จี	นี	ฮี	มี	อี	รี	อี		
ウ	ク	ス	ツ	ヌ	フ	ム	ユ	ル	ウ		
う	く	す	つ	ぬ	ふ	む	ゆ	る	う		แถว
u	ku	su	tsu	nu	fu	mu	yu	ru	u		(๓)
อุ	คุ	ซุ	ทซึ	นุ	ฟุ	มุ	ยุ	รุ	อุ		
エ	ケ	セ	テ	ネ	ヘ	メ	エ	レ	ヱ		
え	け	せ	て	ね	へ	め	え	れ	ゑ		แถว
e	ke	se	te	ne	he	me	e	re	e		(๔)
เอ	เค	เซ	เต	เน	เฮ	เม	เอ	เร	เอ		
オ	コ	ソ	ト	ノ	ホ	モ	ヨ	ロ	ヲ		
お	こ	そ	と	の	ほ	も	よ	ろ	を		แถว
O	ko	so	to	no	ho	mo	yo	ro	O		(๕)
โอ	โค	โซ	โต	โน	โฮ	โม	โย	โร	โอะ		

図6.1　五十音図

4.2 諸表現・形態

可能表現については以下の1例のみである。

ทั้งหมด ๖ ปีจึงจะสำเร็จ
ลกกาเนงฆักกุชิวชิเตะ ซุทซึเงียวงะ เดกิรู์โนะเดส
六ケ年学習シテ卒業ガ出来ルノデス (p.53)

当為表現については0例である。打消推量・打消意志の「マイ」「ナイダロウ」についても0例である。原因・理由の接続助詞「ノデ」「カラ」については、ノデが0例、カラが11例ある。

ฉันเป็นนักเรียน ต้องการชั้น๒ ก็เหมาะดีแล้ว
วาตากุชิวะ งักเซเด่สคาระ นีโต้เดะเค็กโก้เด่
私 ハ学生デスカラ二等デ結構デス。 (p.31、船ニ乗ル)

โปรดเปิดออกจะได้ตรวจ
โออาเกนาไซ้ ชีราเบมาสีคาระ
オ開ケナサイシラベマスカラ (p.33、税関)

โปรดนำใบบิลมาด้วย เพราะพรุ่งนี้จะให้ทันรถด่วน
ค้นโยงากิโอะ มตเตะคิดเตะคุดาไซ้ อาซีโนะอิดจิบ้ง รดเซียเด่ท้จิมาสีคาระ
勘定書ヲ持ツテ来テ下サイ明日一番ノ列車デ発チマスカラ (p.35、旅館)

เพราะวันนี้มีเรือมาเทียบท่าหลายลำ
เคียววะฟุเน่งะ นิวโกชิตะคาระเดส
今日ハ船ガ入港シタカラデス (p.37、汽車)

จริงชิ เพราะเข้าฤดูใบ ไม้ผลิแล้ว
โซ้เด่สเน๊ะ ฮารู่เด่สคาระเน๊ะ
サウデスネ春デスカラネ (p.54、春)

ดูเหมือนชายทะเลคามะกุราสนุกมาก เพราะมีคนไปเที่ยวกันมาก
คามากุร่าวะ โอเยอิฮิโตะงะอิกุคาระ โอโมชิโร่เด่โซ่เน๊ะ
鎌倉ハ多勢人ガ行クカラ面白イデセウネ (p.56、夏)

ผมถ้าจะต้องไปเที่ยวบ้าง เพราะเป็นของแปลก
วาตากูซีโมะ อาซะบินิอิกีไต๊ มิดตะโคโต้งะไน้เด่สคาระ
私モ遊ビニ行キタイ　見タコトガナイデスカラ (p.57、秋)

อ้อดึกแล้ว ฉันขอลาไปนอนละ
เคียววะ โอโซ้อิคาระ โอยาซุมินาไซซ้
今日ハオソイカラオ休ミナサイ（p.57、秋）

ถูกแล้วอากาศหนาวนั่นเอง
โซ้ วาตากุซ้วะ ท๊อดเตะโมะ ซามุ้ยงารีเด่สคาระเน๊ะ
サウ、私ハトテモ寒ガリデスカラネ（p.58、冬）

คุณต้องรักษาตัวไห้ดีหน่อย เพราะคุณยังไม่ชินกับความหนาว
อานาตะวะ คาราดะโอะไทเซ็ทนิชิเตะคุดาไซ้ มาดะฟูยุโอ ชิริมาเซ็งเด่สคาระเน๊ะ
アナタハ体ヲ大切ニシテ下サイ末 ダ 冬ヲ知リマセンデスカラ（p.58、冬）

ฉันยังมีธุระอื่น ขอลาก่อนนะ
โย้ยิงะอารู้คาระ ชิทซ์เรอิซิมาโซ้
用事ガアルカラ失礼シマセウ（p.59、冬）

上記の例だけを見ても、文法を易から難へ体系的に提示しているとは言えない。換言すれば、書名のとおり自然な「会話」例を紹介していると言える。

『日泰会話』に出てくる固有名詞については以下のとおりである。

東京駅（p.26ほか）　　　　ウタイ（p.45）
タイ国公使館（p.26）　　　山田サン（p.45）
上野公園（p.26）　　　　　新宿（p.45ほか）
日比谷公園（p.26）　　　　三越前（p.45）
神戸（p.32）　　　　　　　塩町（p.46）
門司（p.37）　　　　　　　銀座（p.47）
泰国（p.38）　　　　　　　早稲田大学校（p.53）
目白停車場（p.41）　　　　鎌倉（p.56）
目白駅（p.42）　　　　　　江ノ島（p.56）

神戸や門司といった港町も出てくるが、東京にある地名駅名等が主である。人名はタイ人のウタイと日本人の山田のみである。

4.3　田中寛（2015）についての吟味

田中（2015：513）は『日泰会話』について、以下のように述べている。具体的に

どのようなところが該当しうるか吟味したい。

　　単語、文例はタイ語、タイ語による日本語発音表記、日本語の順に並んでいる。
　　漢字カタカナ混じりで、漢字にはカタカナによるルビが付されている。語彙の選
　　定も基準がみられず、文例も必ずしも標準語が用いられておらず、頗る劣悪な印
　　象を受ける。

　以下、それぞれの用例はページ順に列挙する。

4.3.1　タイ語による日本語表記とカタカナ表記の異なり

　『日泰会話』の例文は、タイ語によるタイ語表記・タイ語による日本語表記・日本
語表記の順に併記されてある。その中にはタイ語による日本語表記と日本語表記（カ
タカナによるルビ）が異なる例が見られる。

　以下、対照する表記を〈タイ語−日本語〉で示す。

〈「ナナ」−「シチ」〉
　　นานาเฮียกกุ　七百　（p. 8）

　ちなみに、「七十」はタイ語による日本語表記と日本語表記が合致している。
　　ซิจยิว　七十　（p. 8）

〈「キュウ」−「ク」〉
　　ซันยิวคิว　三十九　（p. 8）　　　**ยนยิวคิว**　四十九　（p. 8）

　ちなみに、「九」・「十九」・「二十九」まではタイ語による日本語表記とカタカナ表記が合
　致している。
　　คุ　九　（p. 7）　　　**ยิวคุ**　十九　（p. 7）　　　**นิยิวคุ**　二十九　（p. 7）

〈「サクジツ（サクニチ）」−「キノフ（サクニチ）」〉
　　เมื่อวานนี้　**คิโน（ซักกุยิทซี）**　昨日　（サクニチ）　（p. 11）

〈「ヤキブタ」−「焼豚肉」〉
　　หมูย่าง　**ยากิบุตะ**　焼豚肉　（p. 16）

〈「ドレハ」−「ドレガ」〉
　　มีดของคุณเล่มไหม โดเร่วะ อานาตะโนะคาตะนาเด่สก๊ะ
　　　ドレガアナタノ刀デスカ　（p. 25）

〈「ウィアノコウエン」−「ウヘノコウエン」〉
　　ที่โน่นคือสวนเวียนโนหรือ อาโซโก้วะ เวียนโนโคเอนเด่สก๊ะ
　　　アソコハ上野公園デスカ　（p. 26）

〈「アサッテ」-「ミヤウゴニチ」〉

ไม่ได้ โปรดเอามาในวันมะรืนนี้ เมื่อจะลงเรือดีกว่า　โซเร่วะ

อีเกมาเซง อาซัดเตะโอโนรีโคมิโนะโตกีนิมตเตะโออีเด่นาไซ้

明後日オ乗込ノ時ニ持ツテオイデナサイ。(p. 32)

〈「イツ」-「ナンジ」〉

เมื่อไรเรือจึงจะถึงโกเบ　อิทซึโกเบนิจีกีมาสีก๊ะ

何時神戸ヘ着キマスカ (p. 32)

〈「アシタ」-日本語表記「アス」〉

พรุ่งนี้เช้า ๗.๒๔ นาฬิกาจึงจะถึง　อาซิตะ โงเยนโนะ ซิจิย์นิยิวโงฮุงนิ ทซีกีมาสี

明日午前ノ七時二十五分ニ着キマス (p. 37)

〈「テカミ」-日本語表記「テガミ」〉

จดหมาย เทคะมิ

手紙 (p. 38)

　　ちなみに以下の例文では正しい表記になっている。

จดหมายธรรมดากี่วันถึงไม่ทราบ　ฟูจูโนะ เทงามิวะ นันนิจิคาการู่โนะเด่สก๊ะ

普通ノ手紙ハ何日カカルノデスカ (p. 39)

〈「シオチョウ」-「シオマチ」〉

เชิญเปลี่ยนรถได้ที่ตำบลโชโจ้　ไฮ่ โฆซายมัส ซีโอโจ้เด่โนรีไก๋เด่ส

ハイ御座イマス塩町町デ乗換デス (p. 46)

　　上記に加え日本語表記の方は「町」が一つ余分にある。

〈「オソレイマスガ」-「オソレイリマスガ」〉

ขอโทษ　โอโซเรอีมัสงะ

恐入リマスガ (p. 47)

〈「ナイヨウニ」-「ナイヨニ」〉

ท่านทุกคนระวังของด้วย　โอวาซุเรโมโนไน้โย้นิเนงายมัส

ドナタモオ忘物ナイヨニ願ヒマス (p. 47)

〈「オネガヒマス」-「オネガイマス」〉

โปรดหยุดรถสถานีหน้า　ทซึงวะ โอเนงายมัส

ツギハオ願ヒマス (p. 47)

〈「スコシマケテ」-「スコシマ」〉

ถูกอีกหน่อย　ซุโกซิมาเกเตะ

少シマ (p. 48)

〈「ミンルクオイレイタシマセウカ」 –「ミルクオイレイタシマセウカ」〉

กาแฟนั้นจะใส่นมไหมค้ะ โคฮีนิวะ มินรุกุโออีเรอิตาซิมาโซ้ก๊ะ

コーヒーニハ　ミルクオイレ<ruby>致<rt>イタ</rt></ruby>シマセウカ (p. 51)

〈「サムイガリ」 –「サムガリ」〉

ถูกแล้วอากาศหนาวนั่นเอง โซ้ วาตากุชีวะ ท็อดเตะโมะซามุ้ยงารีเด่สคาระเน๊ะ

サウ、私ハトテモ<ruby>寒<rt>サム</rt></ruby>ガリデスカラネ (p. 58)

4.3.2 「ゴ」に対する二つのタイ文字

日本語のガ音をタイ語で表記する際、破裂音のガと鼻濁音のガを書きわけることができる。語頭のゴを鼻濁音をあらわすタイ語งで表記してあるところが疑わしい。

โงยิว　<ruby>五十<rt>ゴ　ジフ</rt></ruby> (p. 8)

เย็มบุเด่ โงยิวฮัจเซนเด่ส　<ruby>全部デ五十八センデス<rt>ゼン　ブ</rt></ruby> (p. 27)

4.3.3 タイ語による日本語表記と日本語表記が合致しているものの、疑わしい表記

โทกะ　<ruby>十日<rt>トウ　カ</rt></ruby> (p. 10)　　　　　　น้อย ซุโกชิ　<ruby>少イ<rt>スコ</rt></ruby> (p. 19)

ผีเสื้อ โจโจ้　テウナウ (p. 22)　　　　　นกกระจอก ซียิเมะ　<ruby>雀<rt>スズメ</rt></ruby> (p. 22)

อิทาดากิมัส　<ruby>頂キマス<rt>イツタダ</rt></ruby> (p. 29)　　　โงยิโซซามะ　<ruby>御馳走サマ<rt>ゴ　チ　ソ</rt></ruby> (p. 29)

ว่าง ไอเตะรุ　アイテル (p. 34)

ขอให้ฉันดูนี่หน่อย โคเร่โอะมิเซเตะคุดาไซ้　レヲ<ruby>見<rt>ミ</rt></ruby>セテ<ruby>下<rt>クダ</rt></ruby>サイ (p. 49)

ขอโทษที่ทำให้คุณรอนาน โอมัจจิโดซามะเดชิตะ　オ<ruby>待<rt>マツ</rt></ruby>チド<ruby>様<rt>サマ</rt></ruby>デシタ (p. 50)

4.3.4 長音記号の抜け

ไส้กรอก โซเซยิ　ソーセジ (p. 16)　　　เนย บาตะ　バタ (p. 16)

ข้าวผัด ชะฮั่ง　チヤハン (p. 17)

4.3.5 漢字表記の誤り

ญาติ ซินเซกิ　<ruby>新戚<rt>シンセキ</rt></ruby> (p. 18)　　　ลูกพี่ลูกน้อง อิโตโกะ　<ruby>縦兄弟<rt>イ　ト　コ</rt></ruby> (p. 17)

โอยาสึมินาไซ　オ<ruby>寝<rt>ヤス</rt></ruby>ミナサイ (p. 29)　　　พัก โทมารู่　<ruby>宿ル<rt>トマ</rt></ruby> (p. 34)

4.3.6　文法の誤り

ทางนี้ไกลกว่าทางนั้นหรือ　โคจิร่าคาระ อาจิโยรีโทอิเดสก๊ะ
コッチカラアッチヨリ遠イデスカ

สถานีโตเกียวอยู่ทางไหน　โตเกียวเอกกิวะ โดจิร่าอีรัชไช้เด่สก๊ะ
東京駅ドッチライラッシャイデスカ

4.3.7　イとエの交替

แมลงวัน　ไฮ　蠅 (p. 22)　　　　ต่อรถ โนรีไก๊　乗換 (p. 46)
คืนให้　โอไคซีชิมาสี　才返シシマス (p. 48)

　「蠅」についてはタイ語による日本語表記も日本語表記も「ハイ」、「乗換」についてはタイ語による日本語表記が「ノリカイ」、「才返シシマス」についてはタイ語による日本語表記が「オカイシシマス」、日本語表記が「オカシシマス」とある。『日泰会話』の著者はイとエの交替がある日本語話者から日本語を教わったことがうかがえる。

注

6.1　タイ語表記を見るかぎり実際の音をカタカナで表記すると田中（2015）にある「モンコン」の方が近いであろうが、以下では奥付のカタカナ表記によった。

6.2　現在はルワン・ピブーンソンクラームと表記されることが多い。後のプレーク・ピブーンソンクラーム元帥。

参考文献

井阪三男（1944）「日泰学院・興亜同学院紹介（留学生教育に関する私見を交へて）」『日本語』4-11、日本語教育振興会

河路由佳（2003）「国際学友会の成立と在日タイ人留学生：1932-1945の日タイ関係とその日本における留学生教育への反映」『一橋論叢』129-3

田中寛（2015）『戦時期における日本語・日本語教育論の諸相：日本言語文化政策論序説』ひつじ書房

日本タイ協会（1943）「財団法人日泰学院開校」『日本タイ協会会報』34

7 国際文化振興会『NIPPONGO（日・泰・会話本）』(1942)

書　　名　NIPPONGO（日・泰・会話本）บทเรียนภาษาญี่ปุ่นเล่มน้อย [7.1]
著　　者　国際文化振興会
読者対象　タイ語を解する人

発 行 者　　国際文化振興会　（代表者）永井松三
印刷者・印刷所　　名取洋之助・国際報道工芸
発 行 年　　昭和17（1942）年7月20日初版
判　　型　　縦11×横15cm
頁　　数　　205頁（序・タイ字の説明・奥付は除く）
所　　蔵　　北海道大学図書館、三康文化研究所附属三康図書館

1　『NIPPONGO（日・泰・会話本）』の構成

　『NIPPONGO（日・泰・会話本）』の著作兼発行者、国際文化振興会は1934年に発足した、現在の独立行政法人国際交流基金の前身であるが、同書とほぼ同時期、『日本語表現辞典』『日本語小文典』『日本語基本語彙』を刊行したことでも知られている。同じタイ人向け日本語教科書、泉虎一『日暹会話便覧』(1938年。本書5、以下適宜比較する)に比べ構成や印字等、全体的にしっかりしている印象をうける。資料として三康文化研究所附属三康図書館蔵本を利用した。

　本文はすべてタイ語とローマ字表記である。

　目次に続きアルファベットとタイ語の対照、「タイ字の説明」がある。「タイ字の説明」は子音字・母音字について詳細にわたり説明している。

　本編は場面別・機能別・文法項目別の三部構成で、全19項目ある。

　序（原文タイ語）を試訳する。

　　本書は初級用日本語会話教科書である。ただし、会話に重点を置いた教科書である。第一部は日常会話形式について、第二部は日本語文章作成方法を理解して

(NIPPONGO) 目次

序文（2頁）

目次（2頁）

アルファベットとタイ語の対照（4頁）

（附）タイ字の説明（7頁）

I　คอนที่ ๑（第1部）

ผึกหัด（練習）　3

1. ถานและคอบ（問いと答え）　9
2. ปฏิสันถาร（挨拶・返事）　22
3. คำพูด（ことば）　27
4. ยานพาหนะ（乗り物）　32
5. การเยี่ยมเยี่ยม วิธีถามทาง（訪問）　40
6. การซื้อของ（買い物・依頼・取引）　47
7. ที่ทำการไปรษณีย์ โทรศัพท์（郵便・電報・為替・電話）　59
8. โรงแรม（ホテル）　64
9. อาหาร（食事）　70
10. การเจ็บป่วย（病気）　76

II　คอนที่ ๒（第2部）

1. ......wa......desu　83
2. วิธีใช้กริยา（動詞の活用）　85
3. วิธีใช้คุณศัพท์（形容詞の活用）　96
4. wa, no, ni, o, etc. และอื่นๆ（は、の、に、を等）　101
5. รูปเวลาเป็นคำถาม（疑問形）　108
6. วิธีนับจำนวน（数え方）　110

III　คอนที่ ๓（第3部）

1. ตารางกริยา（動詞一覧）　125
2. ตารางคุณศัพท์（形容詞一覧）　142
3. ตารางแบ่งชนิดนาน（程度、長さ）　151

もらうべく平易な文型を使用し、詳細に説明している。第一部を読む際、第二部も併読されたい。第三部はもっとも重要かつ平易な日常会話について記してある。

　　読者がこれら三部すべての短い日本語を練習し、日本語の学習に些かでも興味をもたれればじゅうぶんである。なぜなら、この小さな本の役割は、それ以上のものではないからである。

6月

1942年　国際文化振興会

（タイ語で「国際文化振興会」）

2 語彙

『NIPPONGO（日・泰・会話本)』の第3部にある全語彙を対象として、『日暹会話便覧』同様（p.71参照）、品詞別・『日本語能力試験出題基準』別に調査した結果、以下のようになった。（表7.1 〜 7.3）

表7.1 『日本語能力試験出題基準（改訂版)』での級

「除外」は文字が不鮮明で判読しかねたもの。

品詞		合計	4級	3級	2級	1級	級外	除外
動詞		194	86	70	35	0	1	2
形容詞		98	69	15	14	0	0	0
内訳	い形容詞	98　73	54	10	9	0	0	
	な形容詞	25	15	5	5	0	0	
名詞		598	227	132	168	11	59	1
合計		890	382	217	217	11	60	3

名詞の内訳

章	節	4級	3級	2級	1級	級外	不明	節計	章計
1 Ningen	1 Hito	18	2	3	0	4	0	27	
	2 Karada	9	4	9	1	0	0	23	
	3 Kimono	7	4	8	0	2	1	22	
	4 Tabemono	12	1	1	0	1	0	15	
	5 Nomimono	4	1	3	0	0	0	8	185
	6 Syokuzi	8	1	4	0	0	0	13	
	7 Ie	6	4	8	0	4	0	22	
	8 Tatemono	6	6	0	0	5	0	17	
	9 Dōgu, Kibutu	14	2	16	1	5	0	38	
2 Kōtū, Tūsin	1 Kōtū	9	4	6	0	5	0	24	35
	2 Tūsin	7	2	1	0	1	0	11	
3 Kyōiku, Tisiki	1 Kyōiku	6	2	0	0	0	0	8	
	2 Tisiki	6	1	1	0	0	0	8	40
	3 Gakumon	0	7	6	0	0	0	13	
	4 Geizitu	5	4	2	0	0	0	11	
4 Gunzi	—	1	1	5	1	4	0	12	12
5 Seikatu	—	15	18	31	2	2	0	68	68
6 Zyōtai	1 Mono, Koto	3	14	7	0	0	0	24	44
	2 Kokoro	0	7	9	3	1	0	20	
7 Kōi, Sayō	1 Kōi	1	10	4	0	0	0	15	22
	2 Sayō	0	3	4	0	0	0	7	
8 Sizen	—	14	18	14	0	1	0	47	47
9 Hakubutu	1 Dōbutu	4	1	4	0	2	0	11	
	2 Syokubutu	2	3	4	1	0	0	10	28
	3 Kōbutu	0	2	5	0	0	0	7	
10 Basyo	1 Iti	8	5	2	0	2	0	17	
	2 Hōkō	11	0	0	0	0	0	11	35
	3 Zyunzyo	4	2	1	0	0	0	7	
11 Toki	—	28	1	1	0	15	0	45	45
12 Tan-i	—	9	0	1	1	2	0	13	13
13 Katati, Iro	1 Katari	4	2	7	1	3	0	17	24
	2 Iro	6	0	1	0	0	0	7	
	計	227	132	168	11	59	1	598	598

『日暹会話便覧』とは異なり、動詞・形容詞・名詞ともに易から難へという観点があったことがうかがえる。初級日本語教科書としての体ができあがっている。

表7.2 『日本語教育のための基本語彙調査』での一致数と率

『日暹会話便覧』/『日本語教育のための基本語彙調査』(%)

品詞	基本六千語	基本二千語
動詞	192 / 194 (99.0)	2 / 192 (1.0)
形容詞	98 / 98 (100.0)	98 / 98 (100.0)
名詞	569 / 598 (95.2)	483 / 569 (84.9)

級外の語彙について、以下に列挙した。

表7.3 級外の語彙

動詞	名詞
osaeru 抑える	Bando バンド
	Buta 豚
	Karā カラー
	Kōzyō（Kōba） 工場（工場）
	Kuwa 鍬
	Mugi 麦
	Nedoko 寝床
	Niwatori 鶏
	Oke 桶
	Sen 銭
	Syaberu シャベル

注

7.1 書名にある บทเรียนภาษาญี่ปุ่นเล่มน้อย（小さいの意）について、タイ人にとっては違和感があるとのことであった。

8　日本タイ協会『暹羅協会々報』『日本タイ協会々報』 に見る日本語教育史

1　はじめに

　タイ[8.1]人に向けた日本語教育の歴史については、これまで松井・北村・ウォラウット（1999）、河路（2006）、田中（2003；2012；2013）等の詳細な報告がある。そのような中、公益財団法人日本タイ協会から『暹羅協会々報』『日本タイ協会々報』（以下、『会報』）がデジタル化され、解題：村嶋・吉田（2013）が刊行された。『会報』は政治・経済・文化等幅広い分野にわたる日タイ間の詳細な記録集であり、戦前・戦中の日タイ関係を数多く体系的に知ることのできる資料である。タイ日本語教育史研究という面からみても鳥瞰視した記事から現場の生の声（当時の日本語教師の投稿）までを収載した、まぎれもない一級資料であるといってさしつかえあるまい。『会報』のデジタル化および解題刊行による恩恵は、はかりしれない。

　タイ人に向けた日本語教育は、さまざまな段階を経て進化・深化を続けている。終戦から約70年、戦前・戦中のタイ人に向けた日本語教育がどのようなものであったのか、生の声を聞くことが日に日に難しくなっている今、『会報』を丹念に読み、『会報』が語ることに対して正対してゆくことが今後ますます重視されてくるであろう。

　本論では『会報』に記されてあるタイ日本語教育史関連記事を整理し、はなはだ簡単ではあるがその中から少々とりあげることとしたい。

2　資料整理

　『会報』の総記事数は2673あり、そのうちタイ日本語教育史関連記事は89ある。号別に収載記事数の多い順に並べると次のようである。

表8.1　収載記事数多数『会報』

記事数	号	発行年月
8	11	1938（昭和13）年6月
7	8	1937（昭和12）年9月
6	9	1937（昭和12）年12月
6	12	1938（昭和13）年9月

『会報』の中の記事数がそのままタイに於ける日本語学習熱の高まりを反映しているとは言えないが、タイ人に向けた日本語教育への関心度の目安の一つにはなり得るであろう。

　『会報』の記事を便宜上「留学」「留日」「日本語」「海軍」「潜水艦」の5つに分類し、その号数・発行年月・ページ・項目（記事種別：見出し）をまとめてみる（表8.2～8.6）。「留学」「留日」「日本語」については日本語教育史的視点からも文字どおりなので説明は不要であるが、「海軍」「潜水艦」をとりあげた理由については後述する。

2.1　留学

表8.2　留学

＊記事数38

号	発行年.月	頁	記事種別：見出し
1	1935＝昭和10.11	26	暹羅新聞の論調報告：暹字紙「プラチャーテツイパタイ」海外留学生派遣に就いて
3	1936＝昭和11.6	93	雑報欄：暹羅国政府派遣留学生の着京
4	1936.10	104	雑報欄：暹羅陸軍留学将校の去来
5	1936.12	巻頭	巻頭口絵：在日暹留学生団天長節記念撮影・目白暹羅学生会館に於ける日暹学生の懇親会
6	1937＝昭和12.2	74	雑報欄：在本邦暹羅人留学生に関する新聞記事
		92	雑報欄：暹羅国海軍留学生団の来朝
7	1937.5	1	新聞論調報告：伊太利政府の伊太利留学暹羅学生に対する奨学資金の給与（暹字紙ネーション1月14日所載）
		99	雑報欄：暹人留学生の日本語観
8	1937.9	34	雑苑：暹羅留学生と日本語の問題
9	1937.12	70	日暹修好50周年記念欄：暹羅協会の成立より最近迄の歩み
		104	日暹修好50周年記念欄：在暹羅日本公使館開設以後現在迄の日暹関係を概述して
		120	雑報：暹羅国政府留学生警察練習所入所
10	1938＝昭和13.3	96	雑苑：シャム留学生と日本語
		140	雑報欄：暹羅国政府留学生警察練習所卒業
11	1938.6	37	雑苑欄：暹羅留学生と日本語教授法
		118	雑報欄：暹羅国海軍留学生と潜水艦の出発
		118	雑報欄：暹羅国政府官費留学生来朝

12	1938.9	64	雑報欄：暹羅国留学生の善行
13	1938.12	75	雑苑：暹羅留学生を覗く
		93	雑報欄：暹羅女留学生の来朝
14	1939＝昭和14.3	127	雑報欄：大谷光瑞師の暹羅へ少年留学生派遣
15	1939.6	139	雑報欄：暹羅留学生通信講習所卒業
18	1940＝昭和15.2	106	雑報欄：専修大学南洋事情研究会のタイ国留学生招待
19	1940.6	100	雑報欄：専修大学南洋事情研究会のタイ国留学生招待
20	1940.8	口絵	口絵写真：1940＝昭和15年5月26日、櫻井兵五郎氏主催の同邸に於ける在京タイ国留学生招待園遊会
24	1941＝昭和16.8	148	雑報欄：タイ国留学生数
25	1941.12	146	雑報欄：タイ国印刷技術留学生の帰国
26	1942＝昭和17.2	口絵	口絵写真：ピブン首相令甥ソムバット君留学中の東京市高田第五国民学校の日タイ攻守同盟に関する同校長の訓話を聞く同君と同級生
27	1942.3	39	雑報欄：タイ国留学生招待豆撒き
		100	協会記事：泰国留学生を大相撲に招待
28	1942.5	93	雑報欄：タイ国派遣留学生募集
		103	協会記事：大東亜留学生招待会
29	1942.8	86	雑報欄：タイの航空留学生
32	1943＝昭和18.3	76	雑報欄：泰国留学生霧ケ峰鍛錬
36	1943.10	84	雑報：共栄圏留学生信州で錬成
		86	雑報：ピブン首相令甥日本留学
		87	雑報：泰国留学生の黒部錬成会
		88	雑報：タイ国留学生来朝

2.2 留日

表8.3　留日

＊記事数9

号	発行年.月	頁	記事種別：見出し
8	1937＝昭和12.9	79	雑報欄：本協会主催暹羅国陸軍留日将校学生送別晩餐会
12	1938＝昭和13.9	54	雑苑：留日暹羅学生に語る
13	1938.12	93	雑報欄：留日暹羅学生の演技
15	1939＝昭和14.6	138	雑報欄：ピヤ・シー・セナ公使の留日暹羅学生に対する訓示

号	発行年.月	頁	記事種別：見出し
16	1939.9	71	雑苑欄：留日タイ国学生に就いて
19	1940=昭和15.6	1	主張：留日泰国学生指導斡旋機関設置並に日泰親善団体に事業奨励促進助成金下附の必要
26	1942=昭和17.2	口絵	口絵写真：1941=昭和16年12月20日、日比谷陶々亭に於ける本協会主催の留日タイ国学生懇話会
28	1942.5	93	雑報欄：留日学生補導協議会結成
37	1943=昭和18.12	66	雑報：留日学生処遇方針決定

2.3 日本語

表8.4　日本語

＊記事数4

号	発行年.月	頁	記事種別：見出し
4	1936=昭和11.10	59	雑報欄：盤谷に於いて暹羅人に日本語教授の事業
18	1940=昭和15.2	67	
18	1940.2	91	
28	1942=昭和17.5	92	雑報欄：南方へ日本語速成普及

2.4 海軍

　なぜ海軍や潜水艦がタイ日本語教育史と関連があるのか。5.『日暹会話便覧』に引用した記事（本書p.74）から知ることができる。

　この引用文中に「タイ国海軍が自前で将校を養成する」「神戸の川崎造船で技師見習いとして研修を受ける」とあるのは、タイが日本に軍艦等の建造を依頼し、加えてその軍艦をタイ海軍の将校が操舵し、タイに帰国する人材を育成するということである。それには日本語の習得は避けて通ることができない。はなはだ簡単ではあるが、海軍や潜水艦とタイ日本語教育史の関連について述べた。どのような人物がタイ海軍からの将校に日本語を教えていたのかについては、次節にて述べる。

表8.5　海軍

＊記事数35

号	発行年.月	頁	記事種別：見出し
3	1935=昭和10.5	30	雑報：海軍軍令部主催小晩餐会

4	1936=昭和11.10	100	雑報欄：暹羅海軍油糟艦竣工
		101	雑報欄：暹羅海軍練習艦進水式挙行
5	1936.12	66	雑報欄：暹羅国海軍部の日本楽譜入手希望
		67	雑報欄：暹羅海軍練習艦「メエクロン」進水式挙行
		77	雑報欄：本協会より神戸滞在シャム海軍将校下士団への寄贈品
6	1937=昭和12.2	94	雑報欄：暹羅国海軍潜水艦マッチャーヌ・ウィルンの進水式
7	1937.5	118	雑報欄：暹羅国海軍警備艇の進水式
		119	雑報欄：暹羅海軍潜水艦進水式
8	1937.9	81	雑報欄：暹羅国海軍練習艦及警備艇竣工
		83	雑報欄：本協会より暹羅国海軍廻航員として来朝の海軍将校へ記念品贈与
		83	雑報欄：暹羅国海軍鋼製運送船起工式
		84	雑報欄：暹羅国海軍砲艦アユデヤ進水式
		84	雑報欄：暹羅国海軍潜水艦竣工
9	1937.12	116	雑報：暹羅海軍部より前千葉県舟橋町長齋藤林平氏へ記念品の寄贈
		120	雑報：暹羅国海軍運送船「シイシャン」「パガン」進水式
		121	雑報：日本にて建造せられたる暹羅海軍艦艇の盤谷〔バンコク〕着
10	1938=昭和13.3	口絵	口絵写真：暹羅国海軍砲艦トンブリー進水式
		137	雑報欄：暹羅国海軍運送船竣工
		137	雑報欄：暹羅国海軍砲艦トンブリー進水式
11	1938.6	118	雑報欄：暹羅国海軍潜水艦受渡式
		118	雑報欄：暹羅国海軍砲艦受渡式
		123	雑報欄：暹羅公使館附海軍武官更迭
		123	雑報欄：暹羅公使館附海軍武官の更迭並に商務官の新設
		124	雑報欄：前駐暹公使館附武官中堂海軍中佐帰朝
12	1938.9	口絵	口絵写真：川崎造船所建造暹羅国海軍砲艦トンブリー乗組全員（於神戸港）
		61	雑報欄：暹羅国海軍砲艦トンブリー受渡式挙行
13	1938.12	85	雑報欄：暹羅海軍巡洋艦建造説
15	1939=昭和14.6	137	雑報欄：東洋における暹羅海軍の地位
16	1939.9	106	雑報欄：大角海軍大将にタイ国より贈勲

号	発行年.月	頁	記事種別：見出し
18	1940＝昭和15.2	101	雑報欄：タイ国派遣衆議院議員団帰朝並に新任駐日タイ国武官海軍少佐ルアン・ソンブララ氏歓迎晩餐会
25	1941＝昭和16.12	150	雑報欄：駐日タイ国大使館海軍武官任命
31	1942＝昭和17.12	32	説苑：タイ国潜水艦の恩人　故八代海軍中将閣下を憶う
32	1943＝昭和18.3	70	資料欄：泰国陸海軍部進級者
36	1943.10	70	泰国事情：国防省海軍分課改編

2.5　潜水艦

表8.6　潜水艦

＊記事数7

号	発行年.月	頁	記事種別：見出し
6	1937＝昭和12.2	94	雑報欄：暹羅国海軍潜水艦マッチャーヌ・ウィルンの進水式
7	1937.5	119	雑報欄：暹羅海軍潜水艦進水式
8	1937.9	84	雑報欄：暹羅国海軍潜水艦竣工
11	1938＝昭和13.6	118	雑報欄：暹羅国海軍潜水艦受渡式
12	1938.9	58	雑報欄：暹羅潜水艦盤谷〔バンコク〕着状況
12	1938.9	59	雑報欄：潜水艦の性能に就て
31	1942＝昭和17.12	32	説苑：タイ国潜水艦の恩人　故八代海軍中将閣下を憶う　山口武

3　『会報』に見る日本語教育とタイ人に日本語を教えた日本語教師

表8.7　日本語教育

号	発行年.月	頁	記事種別：見出し	執筆者
8	1937＝昭和12.9	34	雑苑：暹羅留学生と日本語の問題	日本大学講師野口謹次郎
10	1938＝昭和13.3	96	雑苑：暹羅留学生と日本語	黒野政市
11	1938.6	37	雑苑欄：暹羅留学生と日本語教授法	黒野政市
13	1938.12	75	雑苑：暹羅留学生を覗く	黒野政市

　タイ字新聞「ネーション」主筆であった「ナイクラープ」が掲載した項目の中に、一人の日本語教師が紹介されている。

日本語教師

我海軍将卒に対する日本語教授の任に当つて居る紳士は野口金次郎氏である。同氏は英国に於て教育を受け、帰来大学等に於て英文学教授の経験を有せさるる仁であるが、人物温厚其の教授振り甚だ熱心にして我将卒皆之に信服し其の教導を善んで居る

　　　（6号、1937年＝昭和12.2、78頁、雑報欄：在本邦暹羅人留学生に関する新聞記事）

　その野口による文章が第8号に4ページ、約6,000字にわたり掲載されている。タイ人に日本語を教えた経験から感想が述べられている。『会報』史上最初に掲載された日本語教師の文章である。題目の直後に註釈があり、野口の所属が日本大学講師であること、1936（昭和11）年夏から翌年春まで、神戸に於いて暹羅海軍潜水艦乗組員を対象とした日本語教師に従事していたことがわかる。副題があり、「暹羅学校を求む」「先進国民の義務」「親善の為の急務」とある。また、「200名に達する官私費留学生の教育に従事した」と自身が記していることから、当時の留学生数を考えると、経験豊富な日本語教師と言えよう。

　野口は、日本の大学に在学しているタイ人留学生について、「出席はしても授業内容は満足に理解し得ない状況」と憂慮し、その原因をタイに於ける初等教育体制の不備にあると述べている。その一方で、「彼等はよく英語に通じて居つて、英国の力が如何に教育の上に滲透しているか想像に難くない」とも述べ、タイ人留学生の英語力の高さを認めている。イギリス留学帰りの野口が認める英語力であれば、そうとうな英語力であることがうかがえる。授業で説明をする際、英語を媒介語として使用していたことも考えられる。

　野口のタイ人に向けた日本語教育論もある。タイ人はタイ以外の国から来ている留学生と別のクラスで日本語を勉強させるのがよい、とある。

　　暹羅国学生は彼等の国民性並に、言語学的相違から他国留学生に対すると同一方法による教育を為し得ないし、各国留学生と一堂に会して施す総括的な教育も亦、不適当である　　　（8号、1937＝昭和12.9、37頁、雑苑：暹羅留学生と日本語の問題）

　また、タイ人が短期間に日本語を習得するには強制力が必要であり、タイの学校で日本語を採用しないのであれば、強制力のある学校をつくるべき、とある。

日本語の様に習得に多くの困難を伴ふ国語を急速に習得せしむべき方法としては、両国政府当局の連絡の下に相当強制し得る立場を附与されて教育を施すのでなければ成功しない

（同号・頁・項目）

暹羅の学校において日本語を正科として採用するに至らないとしたら、両国当局者の諒解の下に相当強制し得る学校を日本に設立する事が焦眉の急

（同号・頁・項目）

　官費留学生と私費留学生の両方に日本語を教えていた経験から、官費留学生に対しては至れり尽くせりであるものの、日本での私費留学生に対する扱いに疑問を呈し、ひいては日タイ関係が希薄・悪化することを懸念している。

　最後に、教育者としてタイ人と接する際、どのような態度で臨むべきかについて述べている。

日本人たるもの、謙譲な気持ちで暹羅国人を指導すべきではなかろうか。如何なる事があつても彼等の自尊心を傷付ける様な言動及び指導はいけない。〔中略〕

　風俗習慣こそ多少の相異る点があつても精神は同じである。之が一番重大な点であると思つた。〔中略〕彼等の習慣を無視し、たとひ善意からとは云へ余りにも日本人的な考へで一切を律する事は避くべきである。我々が本当に熱を以て而も猶ほ謙譲な態度を失はないならば、誤解があつてもやがて感謝に代へられる――私は幾度かさういふ経験をした。

（同号・頁、雑苑：暹羅留学生と日本語の問題）

　タイ人留学生に対しこぶる熱心に教えていたさまがうかがえる。先に引用した「ネーション」紙にあるとおり、タイ人留学生から慕われているさまが浮かぶ。どのような経緯で野口に日本語教師の話がいったのか定かではないが、野口謹次郎という人物がどのような人物であったのか、調査する必要があろう。

　他の日本人教師についての研究に、沖田（2013a）・沖田（2013b）がある。「こぼれ話」という題目を額面どおりうけてはならない、タイ日本語教育史研究の層に厚みを与える貴重な論攷である。ことに、沖田（2013b）は『会報』に3度寄稿している日

本語教師、黒野政市（表8.7参照）についてとりあげている。詳しくはそちらをご参照願いたい。また、研究の続編に期待している。

注

8.1 「シャム」は1939年6月24日より「タイ」に国名を変更したが、本論では国名変更前についても引用部を除き「タイ」と表記を統一した。

参考文献

伊藤孝行（2011）「タイ人向け日本語教科書『日暹会話便覧』・NIPPONGO〔日・泰・会話本〕について」『國學院雑誌』112-12

沖田秀詞（2013a）「戦前の協会会報『解題』編集こぼれ話・第6回：タイ国留学生と日本語教育（前篇）」『タイ国情報』2013年7月号

沖田秀詞（2013b）「「戦前の協会会報『解題』編集こぼれ話・第7回：タイ国留学生と日本語教育（後篇）」『タイ国情報』2013年9月号

河路由佳（2006）『非漢字圏留学生のための日本語学校の誕生：戦時体制下の国際学友会における日本語教育の展開』港の人

嶋津拓（2008）『海外の「日本語学習熱」と日本』三元社

田中寛（2003）「『日泰会話』、昭和16年4月：戦時期〈大東亜語学〉と日本語教育との関わり」『大東文化大学外国語学研究』4

田中寛（2012）「戦前戦中における日タイ間の言語文化の接触と摩擦」『指向』9

松井嘉和・北村武士・ウォーラウット・チラソンバット（1999）『タイにおける日本語教育：その基盤と生成と発展』錦正社

村嶋英治・吉田千之輔（2013）「戦前の財団法人日本タイ協会会報集成解題」『アジア太平洋研究センター研究資料シリーズ』4

あとがき

　3.11こと東日本大震災。あの日、私は当時の勤務先であった名桜大学（沖縄県名護市）にいた。その日の名護はあたたかく、ぬけるような青空だったと記憶している。D先生が私のところに走ってきた。「先生、仙台だったよね？　すごいことになってるよ！」と言われた。それだけでは何のことか見当がつかず、最寄りのテレビのあるところに行った。ことばではとうてい言いあらわせない様子が映されていた。実家が全壊したと聞いた。

　しばらくして、やっと片づけに行くことができた。玄関には「危険」と書かれた赤紙が貼られていた。生まれてから大学に入るまで過ごした実家とまわりの変わりはてた姿に、感情がどうにもあらわせない感情もあるのだと身をもって知らされた。

　頻発する余震の中で片づけをしながら、なぜか、思った。なぜ、勉強する必要があるのか。己の「そなえ」のためなのだと思った。あのような、あそこまでの事態に不意におそわれた時、どのようなもの・ことが自分にそなわっているか。どのような考え方が自分にそなわっているか。勉強する意味を、これまた身をもって知らされた。身をもって知らされると同時に、私にはサッパリそなわっていないことも知らされた。

　名護に戻り、何とも悩ましい日々を送っていた頃、N先生にふいに、何の前置きもなく「受けいれることさなぁ」とだけ言われた。あの「受けいれることさなぁ」にはだいぶ救われた。3.11は物もたいそう壊れたが、人の心もたいそう壊れた。

　そんな3.11を本書の奥付の日付とし、私なりの、何かの一つにさせてもらいたい。3.11以降、先人が書きのこした古文書等から過去の地震や災害を知り、防災に役だてるというニュースを見かけるようになった。先人が書きのこした日本語教科書について知ることもまた、何かに、どこかに役だてられるのではないかと信じたい。

　最後に、大学・大学院と御指導を賜った諸星美智直先生、久野マリ子先生、遠藤和夫先生、中村幸弘先生につつしんでお礼申しあげます。私のような出来の良し悪し以前の者に御指導を賜り、感謝しております。

　そして、本書の出版にあたり大空社出版の西田和子氏、編集を担当してくださった鈴木信男氏にお礼申しあげます。

2017（平成29）年3月11日
札幌・北海道大学の研究室にて

伊　藤　孝　行

索 引

1　項目は本文、用例、書誌事項、引用文、表中より採録し、日本語用例、文法用語、その他事項に分けた。
2　日本語用例は原則として例文中の表記で示し、排列は現代音順とした。（　）で隣接の語句または表記・内容等を補った。
3　各資料目次の一部項目を文法用語に採録した。

【日本語用例】

アサッテ（明後日）　90
アシタ（明日）　90
あすこ　5
遊バス　20
アテニナラヌ　9
あてられる（可能動詞）　8
アナタ（君）、アナタガタ（君方）　43
ある（歩）ける　8
あ（会）はれる　8
イヒカネル　9
いひ出せる　9
日ヘヌ　24
行かれる　8,10
い（ゆ）く　5
イケナイ　10,11,39
イケマセヌ　10,11,25,39
イケマセン　25
い（え）こひいき　5
致ス　44
戴ク　44
イツ（何時）　90
居ナクテハ　10
い（言）はなくては　10
入ラツシヤル　20
ウヘノコウエン（上野公園）　88
鬱金香　36
えこひいき　5
オソレイリマスガ　90
オネガイマス（オ願イマス）　90
居リ　18

ガ（音）　91
カタカナ　35
かねる　7,38
　（イヒ）カネル　9
カラ、から（原因・理由）
　11,13,27,41,85,87
　（あかるくない）──　12
　（ありませぬ）──　12
　（アリマセンデシタ）──
　　12
　（アル）──　12,88
　（オソイ）──　88
　（面白イ）──　12
　（キツスギマス）──　12
　（しかたがありません）──
　　12
　（シタ）──　87
　（シマヒマス）──　12
　（ソウデス）──　12
　（デシタ）──　42
　（デス）──　42,87
　（ヌ）──　42
　（マシタ）──　42
　（マス）──　42,87
　（行ク）──　87
考ヘ出セル　9
効験（ききめ）　6
キノフ（昨日）　89
キュウ（九）　89
協定　73
ク（九）　89
下サイマシ　19,22
下サル　20,44
ゲシクヤ（下宿屋）　6

ゴ（語頭）　91
交際（カウサイ）　6
御座リマス　44
こしらい（え）ます　5
こと　6,7,9,23,25,36-38
サクジツ（昨日）　89
サクニチ（昨日）　89
サシ（セ）テ　21
サム（イ）ガリ（寒ガリ）　91
サン（様）　43,44
シチ（七）　89
シッパン（出帆）　6
しなくては　10
（旅行）シナケレバ　11
出帆　　→シッパン
知レル　24
スコシマ（スコシマケテ）　90
スリオトセル　9
ゾ（終助詞）　13,14
　　（カヘシマス）──　14
ダ・デアル　34
タイ（願望）　20
体操　73
足ラ、足リ　27,28
チョウ（町）　90
交際（つきあい）　6
作レル　24
デアル　　→ダ・デアル
テキル　20
テヲル　20
テガミ、テカミ（手紙）　90
出来る（ル）　6,7,9,23,25,36-38
（血ガ、荷物ハ、用意ガ、御飯ハ）
　出来ル　38

デシタ　39, 41
デシヨ　39
デス　20, 39–41
デス・マス　34
デスカ　39–41
てまい（え）　5
ドレガ、ドレハ　89
トント　22
ナ（終助詞）　13
ナイダロウ　25, 43, 87
ナイツモリダ　43
泣カシテ　22
ナカッタ　26, 27
ナクテハ　10, 11, 39
ナケレバ　10, 11, 25, 39
　　（拷問に）かけなければ　10
　　とがなければ　10
ナサイマシ　22
なさえ（い）ます　5
ナサル　20, 44
ナナ（七）　89
ナラナイ　10, 11, 39
ならぬ、ナラヌ　7, 9, 38
ナリマセヌ　38, 39
ナレル　8
ナンジ（何時）　90
ニナル　20
入学　73
ネ（終助詞）　13
　　（アリマセン）――　14
ネ（五十音）　34
ネバナラヌ　39
子バナリマセヌ　38
　　（帰ヘラ）――　38
　　（入ラ）――　38
　　（払ハ）――　38
　　（参ヘラ）――　38
　　（別レ）――　39
ノデ　11–13, 27, 41, 42, 85, 87
　　（アル）――　12
ハイ（蠅）　92
走レル　24
ハツト　22
吃驚（ビツクリ）　6
吹ケル　24
不順　6
法螺　6

マイ　25, 26, 43, 85, 87
参り、参ル　18, 19, 44
マシタノデスカ　28
マス　20
　　→デス・マス
マスル　20
マセナンダ　26, 27
マセンデシタ　26, 27
マチ（町）　90
道程（みちのり）　6
ミヤウゴニチ（明後日）　90
ミルク（ミンルク）　91
申ス　44
ヤキブタ　89
ゆく　5
ヨ（終助詞）　13
　　（イケマセン）――　14
　　（デス）――　13
　　（マス）――　13
ラレル　　→レル・ラレル
る（可能）　10
れる・られる、レル・ラレル
　　7–9, 23–25, 36
　　（丰）ラレル　24
　　（言ハ）レル　24
　　（運転シ）ラレル　24
　　（起）ラレル　24
　　（覚エ）ラレル　24
　　（来）ラレル　24
　　（参）ラレル　24
わ（表音式）　5
ワタクシ（私）　43
ワタクシドモ（私共）　61
ン（五十音）　34

【文法用語】

アルファベット　32, 69, 86, 93, 94
い（イ）形容詞　　→形容詞
意志　25, 43
　　打消――　85, 87
受け身　20
打消　20
打消推量　　→推量
音韻交替　5, 6, 21, 92
音声（学）　48, 52, 56, 57, 59, 61–63

外来語　22, 35, 53, 59
会話　1, 3, 53, 54, 62, 69–71, 81, 88, 93
　　――書　71
　　――編　32, 33
　　日常――　84, 93, 94
カタカナ、片仮名　2–4, 21, 34, 35, 48, 53, 57, 58, 69, 72, 86, 89
活用形（動詞）　19, 20
仮名遣い　4, 21
　　表音式――　4, 21
　　棒引き――　21
　　歴史的――　4, 54, 59
可能　10, 20, 36, 37
可能動詞　7–10, 23–25, 36, 38
可能表現　6, 9, 23, 24, 36–39, 43, 85, 87
カ変動詞　　→変格動詞
上一段動詞　　→動詞
願望　16, 20
疑問形　36, 94
敬語体　48, 49, 53
形容詞　13, 16, 18, 20, 40, 44, 71, 72, 94–96
　　い（イ）――　20, 71, 95
　　な（ナ）――　20, 71, 95
形容動詞　20, 40
語彙　1, 16, 18, 20, 33, 37, 69, 71, 72, 76, 81, 89, 95, 96
肯定形　7, 8, 23, 24, 36
五十音（図）　3, 32, 34, 48, 52, 53, 59, 65, 86
五段動詞　　→動詞
語法　3, 6, 21, 55
語法指南　19, 20
固有名詞　　→名詞
サ変動詞　　→変格動詞
子音　48, 52, 61–64, 82, 93
使役　16, 20
自発　20
下一段（活用）動詞　　→動詞
終助詞　　→助詞
助詞　2, 6, 7, 9, 13, 16, 18–20, 23, 25, 28, 40, 44, 54
　　接続――　11, 13, 27, 41, 42, 85, 87
　　終――　13

助動詞　10, 13, 16, 18–20, 25, 36,
　37, 39–41, 43, 44, 54, 85
指示代名詞　→代名詞
助数詞　82
接続助詞　→助詞
尊敬、尊敬表現　19, 20, 44
推量　25, 26, 43
　　打消――　25, 85
清音　2, 48, 58, 63
声帯　57
声門　57
促音　2, 48, 52–54, 63, 64
対義語　82
待遇表現　43
代名詞　2, 20, 40, 43, 82
　　指示――　82
濁音　2, 48, 52, 58, 63, 64, 73
　　鼻――　58, 91
短音　2, 52, 53
長音、長音記号　2, 21, 48, 53, 63,
　91
直音化　→拗音
転呼音　48, 53, 59
ドイツ（語）　32, 33, 35
当為表現　10, 38, 39, 85, 87
動詞　9, 13, 16, 18–20, 24, 40, 71,
　72, 94, 96
　　→可能動詞
　　→本動詞
　　上一段――　4, 16, 18, 19, 24,
　　28
　　五段――　8, 10
　　下一段（活用）――　2, 8, 16,
　　19, 24
　　四段（活用）――　2, 16, 18,
　　19, 24
ナイ（系）　11, 25, 39
日常会話　→会話
日用語　48
発音　48, 51–53, 56, 61–65, 81, 89
　　――練習　48, 52, 53, 59
破裂音　64, 65, 91
鼻音　2, 48, 52, 53, 58, 64
鼻濁音　→濁音
否定形　7, 8, 23, 24, 36
表音式仮名遣い　→仮名遣い
ひらがな、平仮名　2–4, 21, 32,

48, 53, 57–59, 74, 86
副詞　22, 54
普通名詞　→名詞
物質教授編　32, 33
フランス（語）　32, 33, 35
振り仮名　6
文典型教材　1
文法　1, 19, 28, 34, 53, 54, 62, 70,
　71, 75, 88, 93
　　――学習項目　28, 29, 55, 56
平常語体　48, 49, 53, 54
（第〇）変化　19, 20
変格動詞　2
　　カ変動詞　16, 19
　　サ変動詞　16, 19
棒引き仮名遣い　→仮名遣い
補助教材　61
補助動詞　19, 44
補助用言　19
本動詞　44
名詞　6, 7, 9, 20, 23, 25, 36, 40, 44,
　52, 95, 96
　　形式――　40
　　固有――　22, 35, 88
　　普通――　22
名詞法　16
文字　1, 3, 52, 62, 81, 82
拗音　5, 6, 48, 52–54, 59, 63–65
　　――直音化　5, 6, 21
四段（活用）動詞　→動詞
歴史的仮名遣い　→仮名遣い
連体形　6, 7, 9, 23, 25
連用形　44
ロシア語　32
分かち書き　5, 21

【事　項】

青柳篤恒　17
荒川信賢　15
安楽院　73, 74
郁文館　15, 17
井阪三男　83–85
伊澤（修二）、伊澤式　61, 64
石井要蔵　15
泉虎一（学洲）　67, 69, 71–77, 93

岩手大学図書館　31
インド（留学生）　84, 85
亦楽書院　31
大槻文彦　19, 20
大西雅雄　76
大宮貫三　15, 17, 19, 21, 28, 29
大屋源幸　81
奥野金三郎　76
オンシクール、モンコール
　81–83
海軍　69, 98, 100–102
　　→タイ海軍
『改訂日本語教科書』　51, 55, 56
柏原文太郎　1
金井保三　1, 5, 9–11, 13, 21, 29, 37,
　39
嘉納治五郎　31
『漢訳学校会話篇』　37, 38, 42
『漢訳日本口語文法教科書』　51
『漢訳日本語会話教科書』　51
菊池金正　37
京都西山短期大学　74, 90
京都西山短期大学図書館　67
京都大学附属図書館　15, 67
京都府立図書館　67
黒野政市　102, 105
『言海』　19
『言文対照・漢訳日本文典』　32,
　50
興亜同学院　83, 84
『甲種日語読本』　29
弘文学院　31
宏文学院　31
神戸市外国語大学学術情報セン
　ター図書館　31
神戸大学附属図書館海事科学分
　館　31
國學院大學図書館　47, 51
国際学友会　76, 83, 84
国際交流基金（ライブラリー）
　31, 33, 93
国際日本文化研究センター　31
国際文化振興会　93, 94
国際報道工芸　93
国立国会図書館　1, 15, 81
佐久間衡治　1
佐藤為吉　67

実藤文庫　47, 55, 61
三康文化研究所附属三康図書館
　15, 81, 93
実践女学校　31
幣原喜重郎　73
自能態　9
シャム（暹羅）　74, 98
シャム（暹羅）海軍　74, 101
暹羅海軍宿舎　67
暹羅国海軍留学生　69–71, 73, 98
シャム（国）語、シャム字　74, 75
暹羅陸軍　　→陸軍
秀英舎（第一工場）　1
白上祐吉　83
清国留学生部　　→早稲田大学
『振武学校語文教程』　51
鈴木忍　77
『西山学報』　74–76
成城学校　17, 29
『暹日辞典』　75-77
ソングラム、ルアン・ピブン　83
タイ海軍　67, 70, 73, 74, 100
タイ語　69–75, 77, 81, 82, 86, 89,
　91–93
タイ字、タイ文字　91, 93, 94, 102
タイ人　67, 70, 74, 76, 77, 81, 82,
　85, 86, 88, 93, 97, 98, 103, 104
タイ人留学生　　→留学生
タイ日辞典　75–77
『タイ日大辞典』　76
高田早苗　17
高田俊雄　1
高津富雄　73
拓殖大学図書館　1
中外印刷　67
中国人留学生　　→留学生
丁酉社　1
デッダムロング、ポーン　70
天理大学附属天理図書館　31, 67
東亜高等予備学校　67, 69, 71
東京外国語大学附属図書館　31,
　47

東京専門学校　　→早稲田大学
東京大学総合図書館　67
東京大学文学部図書室　1
東京都立中央図書館特別文庫
　→実藤文庫
中安印刷所　67
中安義郎　67
名取洋之助　93
『日語活法』　15–29
『日語指南』　1–14, 21, 27, 29, 37,
　38, 39, 42
日暹会話　69
『日暹会話便覧』　67–79, 93, 95,
　96, 100
日暹寺（日泰寺）　72, 73
『日暹字彙稿』　76, 77
日暹辞典、日タイ辞典　69, 70
『日泰会話』　81–92
日泰学院　83–85
日泰学院協会　81
日タイ辞典、日泰辞典　70, 86
『NIPPONGO』　93–96
『日本語基本語彙』　93
『日本語教育のための基本語彙調
　査』　71, 72, 96
『日本語小文典』　93
『日本語読本』　51
『日本語能力試験出題基準』　28,
　37, 55, 71, 95
『日本語のはじめ』　47–61
『日本語のはじめ』ことわり書
　47, 51, 52, 55, 56, 61–65
『日本語表現辞典』　93
『日本俗語文典』　9–11, 29
日本大学　102, 103
日本大学総合学術情報センター
　81
『日本タイ協会会（々）報』　83,
　97–105
『日本文語文法課本』　51
野口謹次郎　102–104
鳩山和夫　15

林銑十郎　83
一橋大学附属図書館　81
兵庫県立大学神戸商科学学術情
　報館　31
広島大学図書館　67, 69
藤本兼吉　1
ベルリッツ（Berlitz, M. D.）　31,
　33
ベルリッツ・スクール　33
ベルリッツ・メソッド　34
北海道大学図書館　93
松本亀次郎　32, 50, 55, 56
丸利印刷　15
三井物産　70
三輪田学園　55
三輪田米山　55
三輪田眞佐子　55
三輪田輪三　47, 55
明治大学図書館　31
森下笑吉　81
『訳解日本肯綮大全』　51, 55, 56
安岡正篤　83
矢田部保吉　83
八代海軍中将　102
八代祐吉　67–70
山田変鳳　73
山根藤七　51
ラッタームポーン、パラムーン
　70
陸軍　69
　　暹羅——　98, 99
立教大学図書館　81
留学生
　　タイ人留学生　67, 85, 103,
　　104
　　中国人留学生　1, 13, 15, 18
早稲田大学　15, 17, 29, 31
　　東京専門学校　15, 17
　　早稲田大学清国留学生部　5,
　　17, 18, 21, 29, 31
早稲田大学出版部　1, 15
早稲田大学図書館　15, 81

著者

伊藤 孝行（いとう たかゆき）

1977 年、宮城県仙台市生まれ。

國學院大學大学院文学研究科博士課程後期修了。博士（文学）。
専門は国語学、日本語教育。

タイ国立タマサート大学教養学部日本語学科・同大学院日本
学研究科外国人専任講師、財団法人交流協会（現：公益財団
法人日本台湾交流協会）台北事務所文化室日本語センター日本
語専門家、名桜大学国際学群国際文化教育学系上級准教授を
経て、現在、北海道大学大学院メディア・コミュニケーショ
ン研究院准教授。

Twitter：@ajarnito

近代日本語史に見る教育・人・ことばの交流
日本語を母語としない学習者向け教科書を通して

発 行　2017 年 3 月 11 日　初版

著 者　　伊藤孝行 ©2017 Takayuki ITO

発行者　鈴木信男

発行所　大空社出版㈱
〒114-0032 東京都北区中十条 4-3-2
電話 03-5963-4451　FAX 03-5963-4461

万一、落丁・乱丁の場合はお取り替えいたします。
ISBN978-4-908926-03-7 C3081　定価（本体 2,500 円＋税）